# TÉCNICAS
## DE MARKETING
# ONLINE

CESAR PIETRI

# Técnicas de Marketing Online

Por: César Pietri
www.CesarPietri.com

# Actualizado 2016

# Tabla de contenidos

Por: Cesar Pietri

# Introducción

Si usted tiene un negocio y quiere obtener resultados exitosos usando el marketing online, usted necesita ser un pensador creativo y pensar fuera de lo común.

Internet es el lugar perfecto para que las pequeñas empresas puedan establecer su campaña de marketing.

El uso de Internet para la publicidad es extremadamente rentable porque es muy medible y puede ir dirigido a las personas que usted desea alcanzar. El marketing en Internet le permite competir con las grandes empresas y salir adelante.

En pocas palabras nos encontramos en un campo de juego nivelado en el que pequeñas empresas pueden tener oportunidad de competir y posicionarse junto a grandes compañías.

Por: Cesar Pietri

# MARKETING
# DIGITAL

**Este libro le mostrará lo que usted necesita hacer para convertir su sitio web en un recurso en el que sus clientes pueden confiar.**

También aprenderá a conseguir más clientes que visiten su sitio web. El objetivo principal de este libro es enseñarle las técnicas de marketing online que son más eficaces para su negocio.

## Algunas de las cosas que usted aprenderá con este libro:

- Cómo diseñar su sitio web para atraer a los clientes que usted desee
- Cómo llegar a sus clientes a través del e-mail marketing
- ¿Por qué el co-branding es importante?
- ¿Cómo elegir socios en línea que sean perfectos para ti y tu negocio?
- Cómo crear contenido personalizado para tu sitio web y que tus clientes te visiten con frecuencia
- Cómo definirte para ser considerado un experto en tu sector
- Cómo usar tu presupuesto de marketing sin gastar de más

Este libro le dará la información más reciente en las tendencias de marketing para que pueda sacar el máximo partido de su presupuesto de marketing.

# Capítulo Uno:

# Los Beneficios de Marketing Online

Las reglas del marketing son exactamente las misma tanto si eres un gran o pequeño negocio, necesitas ofrecer tu marca, determinar quién es tu público objetivo, vender y conseguir clientes fieles que regresen por mas compras.

El marketing online es muy eficaz en la gestión de estas cuatro reglas.

Por: Cesar Pietri

# Marketing Online Definido

La definición de marketing en línea es: La colocación de su negocio o producto en Internet para que millones de usuarios accedan a su web de modo que usted puede convertir su sitio web en una potente herramienta para maximizar sus ventas y el potencial de negocio.

Pero el marketing online es mucho más que poner su publicidad en línea. Marketing online incluye áreas como la comunicación con su cliente, la promoción de su empresa o producto en línea, y asegurarse de que el contenido de su sitio web es útil y este actualizado. Lo grande acerca del marketing en línea es que usted no necesita tener un gran presupuesto para poner en marcha y organizar una campaña de marketing que sea eficaz. Existen herramientas que se pueden utilizar para hacer sus técnicas de marketing fácil y rentable como por ejemplo el uso de plantillas web, plantillas de carro de compras, blogs, foros, etc.

*Lo que usted necesita para ser exitoso en el Marketing online*

Hay algunos puntos importantes a considerar antes de entrar en las estrategias de marketing online:

- **Comunicación.** Una parte importante del marketing online es la forma en que responde a los email de sus clientes. Usted no quiere perder clientes potenciales después de haber hecho el esfuerzo para que visiten su sitio web y que luego se pongan en contacto con usted para obtener más información. El correo electrónico es una manera muy eficaz y de bajo coste para que usted genere más ventas. La clave de esta eficacia es "coherencia". Usted necesita ser consistente en la respuesta a sus clientes.

- **Recursos Humanos.** Si usted quiere tener éxito en línea es necesario tener los recursos humanos suficientes con usted. Un sitio web eficiente incorpora un toque personal con un tiempo de respuesta rápido para el cliente.

Por: Cesar Pietri

Su objetivo es convertir a los visitantes de su sitio web en clientes. El tiempo estándar para un correo electrónico de respuesta es de 48 a 72 horas. Si espera más tiempo en responder al correo electrónico corre el riesgo de perder al cliente. Esto significa que si usted no tiene el poder humano para contestar un e-mail en dos o tres días debería echar otro vistazo a su estrategia de marketing.

- **La gente quiere comprar productos en línea.** Antes de iniciar la comercialización en línea usted necesita estar seguro de que usted tiene un producto o servicio que la gente quiere comprar. Los clientes necesitan encontrar un valor en lo que usted está vendiendo. Hay dos factores que motivan a la hora de vender Internet: el costo y la conveniencia. Pregúntate a ti mismo si los clientes encuentran más fácil comprar en línea que encontrar una tienda cercana. ¿Es más barato para ellos comprar el producto en tu sitio web?

# Objetivos Online

Una vez que haya establecido que existe una necesidad de tu producto o servicio usted estará listo para determinar su objetivo de negocio y si puedes o no cumplir con este objetivo a través de tu página web o negocio online. Si su objetivo

Por: Cesar Pietri

principal es vender un producto en línea usted debe decidir cómo quiere hacer las ventas. Por ejemplo, ¿quieres que los clientes compren directamente en tu web o prefieres que después de visitar tu web y estar interesado en tu producto o servicio vayan a tu negocio o a tu oficina para cerrar la venta? Usted tendrá que decidir qué acción es necesaria para cerrar la venta. Las pequeñas empresas necesitan realizar tareas de marketing específicas para aprovechar al máximo los recursos.

# Capítulo Dos:

## Cómo llegar a su público objetivo

Un factor importante para el marketing online exitoso es conocer cuál es tu público objetivo y como llegar a ellos. Para determinar qué tipo de clientes es el que estas tratando de alcanzar debes hacerte las siguientes preguntas:

- ¿A qué grupo de edad está tratando venderle?

Por: Cesar Pietri

- ¿Usted está vendiendo a un grupo étnico o género?
- ¿La mayoría de sus clientes son casados o solteros?
- ¿Qué tan rápido son la mayoría de las conexiones a Internet?
- ¿Va a dirigirse a los clientes que tienen hijos?
- ¿Qué nivel de educación tiene la mayoría de sus clientes?
- ¿Dónde vive la mayoría de sus clientes?
- ¿Sus clientes tienen alguna afición o hobby en particular?

Cuanto más se sabe acerca de sus futuros clientes, más fácil será llegar a ellos con un buen plan de marketing. También será capaz de diseñar un sitio web que sea más atractivo para estos clientes. La mayor ventaja de la comercialización en Internet es que le permite llegar de forma muy específica a su cliente potencial.

# Orientación de los diferentes tipos de clientes

El marketing online es como el marketing en cualquier otro sitio. Hay ciertos productos, colores, temas, y la jerga que atraerán más a algunos clientes que a otros. Cuando usted sabe a qué tipo de cliente nos estamos enfocando puede satisfacer sus necesidades de forma más sencilla para captar su atención. Cuándo puedes utilizar ciertas características para atraer clientes a su sitio web usted tiene la capacidad de llamar su atención, conseguir la lealtad y la confianza logrando así fidelizar a sus visitantes. Por ejemplo, estudios muestran que la mayoría de mujeres que compran les gusta ahorrar tiempo y dinero.

Más del 80% de compras en el hogar son influenciadas de alguna manera por las mujeres. Estos mismos estudios muestran que las mujeres les gusta poder comparar los costos de forma rápida y fácilmente sin necesidad de obtener cualquier tipo de presión en la venta. Si usted está tratando de vender al sector femenino algunas cosas que usted debe tener en mente son (1) que

Por: Cesar Pietri

les da una sensación de confort y de comunidad, (2) que su sitio web se enfrenta a los problemas cotidianos, y (3) se centran en la educación, la salud y la familia.

## Correr la voz

Hacer algo en línea innovador y creativo, así como el uso de la última tecnología, siempre llama la atención. Por ejemplo, incluir una foto puede crear un rumor acerca del producto o servicio que usted está vendiendo. Así como el correo electrónico, que contiene chistes y extrañas imágenes, se reenvía por todo el planeta esto también lo puede hacer en su campaña de marketing. Crear un mensaje de valor y luego lo remitirá a la familia, amigos y cualquier otra persona que conozca.

En cualquier momento en que usted puede conseguir a alguien más que envíe su correo electrónico a otras personas va a lograr que la información de su web o producto que está vendiendo se despliegue por todo internet. Una de las claves para el marketing en línea es recordar siempre que la calidad y no la cantidad, cuenta. Evite comprar listas de correo electrónico para enviar publicidad y céntrese en construir su propia lista de personas que están realmente interesadas en lo que usted ofrece. Hoy en día el marketing online no se trata de cuántas personas llegan a su sitio web o cuántas personas están en su lista de correo electrónico. Hoy en día el marketing en línea es todo acerca de cómo las personas reaccionan a su sitio web y qué es lo que usted está vendiendo.

## Personalización de su página web

Incluso si usted no está vendiendo un producto o servicio que es para un público específico usted necesita tener un sitio web personalizado. Por ejemplo, a pesar de que Amazon vende productos que atraen a todo tipo de público se las han ingeniado para crear un sitio web personalizado que se adapte a cada cliente. Este es el objetivo de personalizar la web.

Trate de limitar el número de productos o servicios que usted ofrece a sus clientes. "La Sobrecarga de información" es uno de los mayores problemas en Internet. Si usted les da a sus clientes muchas opciones van a tardar más en tomar una decisión. La clave para evitar la sobrecarga de información es la organización, así como asegurarse de que los productos y servicios están dirigidos a sus clientes.

## No cometa el error de pensar que la campaña de marketing en línea se detiene cuando generas una venta.

Sus clientes actuales son la forma ideal para que usted alcance nuevos clientes. Usted desea conseguir clientes potenciales de sus clientes mediante el uso de conceptos de marketing como el "Dile a un amigo" o recomiéndanos a tus amigos a través del email.

Un error que muchos pequeños negocios en línea hacen es centrarse sólo en auto-promoción. El resultado final es que los clientes no se preocupan por ti. Sólo se preocupan de qué es lo que usted está vendiendo y lo que puede hacer para ellos.

Cuando alguien visita su sitio web tiene unos diez segundos para llamar su atención antes de pasar a la siguiente página web.

Esto significa que usted tiene diez segundos para decirle a esta persona qué es lo que necesita. La página principal de su sitio web debe decirle a la gente por qué su servicio o producto es el adecuado para ellos. La página de inicio debe incluir información sobre su empresa y / o una biografía personal acerca de quién que eres.

Si no está seguro acerca de si su sitio web está llegando a la persona correcta, pregúnteles. Si usted proporciona algo de valor para las personas que visitan su sitio web ellos le darán la información. Algunas Cosas de valor pueden ser concursos, cupones de descuento y productos gratis. Asegúrese de hacerles saber que pueden confiar en usted al incluir una política de privacidad en su sitio web y que no compartirá ninguna información personal que proporcione. Se adhieren a su póliza y nunca venda la información que su cliente le proporcionará.

La idea de lo dicho anteriormente es que si todavía no estas consiguiendo los objetivos deseados o necesitas verificar si tu campaña puede tener mayor éxito, hazlo de la manera más sencilla pregúntale a ellos. Ellos como clientes saben si le das el servicio que quieren, si la web es fácil de navegar y si esta la información o producto que ellos están buscando. Por lo general nadie se toma la molestia de escribirte un correo dándote esa información así que para motivarlos regala algún producto o un cupón de descuento y así con esa información podrás mejorar y sacar el mayor rendimiento a los esfuerzos que estés haciendo para aumentar las ventas en tu web.

Una vez que conozca las características demográficas de sus clientes usted sabrá cómo gastar su presupuesto de marketing. Usted puede enfocar sus promociones en línea utilizando la estrategia de marketing dirigido. A pesar de que puede terminar con un menor número de personas que visitan su sitio web, este número de personas tendrán un gran valor para su negocio.

# Utilizando anuncios de banner

Un error muy común que muchos negocios en línea comenten es que usan una cantidad muy grande de anuncios banner y así tratar de llegar a mucha gente, una cosa a tomar en cuenta es que si tienes un presupuesto limitado para tu campaña de marketing usted debe evitar la compra de anuncios de este tipo. Si usted tiene un gran presupuesto, los anuncios de banner pueden ser beneficiosos para la marca de su empresa.

Usted será capaz de negociar contratos a largo plazo con sitios web afiliados en su área de negocio. Sin embargo, los resultados o la tasa de conversión de marketing usando banner son generalmente bajos y esto hace que los anuncios de banner sea el menos efectivo de todas las técnicas de marketing online.

Con esto no quiero decir que los banners no funcionen solo que para una pequeña empresa o un presupuesto pequeño para hacer marketing online es preferible derivar esos fondos a técnicas que tengan mejores resultados y cuando se disponga de mayor presupuesto incluir la publicidad con anuncios de tipo banner.

Si usted decide que quiere comprar anuncios de banner debe centrarse en comprarlos en las páginas web que son muy específicas a su sector. Los anuncios son más baratos mientras más específica o relacionada a su sector sea la web donde vas a publicar tus anuncios y será más eficaz.

**Otra forma en que puede orientar la colocación de sus anuncios de banner es incrustarlos en el contenido de la página web.**

Antes de comprar un banner busca un contenido relacionado a tu negocio dentro de esa página web y ponte en contacto con los administradores solicitando que tu anuncio aparezca dentro de ese artículo. También si el sitio web dispone de un buscador puedes solicitar que tu anuncio se muestre solo cuando los usuarios busquen cierto tipo de palabras "Palabras Clave"

Trate de colocar sus anuncios de banner en una página web que este tan profundo en el sitio web como sea posible. De esta manera usted estará llegando a las personas que están verdaderamente buscando información relacionada con su negocio. Esta es una gran estrategia a usar si usted desea conseguir el máximo valor para su presupuesto en línea. Una vez más, si su presupuesto de marketing es bastante alto, usted querrá comprar anuncios de banner en las páginas principales de los sitios web para que su marca llegue a mucha gente.

# Palabras clave - Keywords

**Una de las maneras más rentables de utilizar su presupuesto de marketing en línea es comprar palabras clave.**

Usted puede averiguar el precio de las palabras clave que son específicas de su industria en Google Adwords o en www.Overture.com. Usted quiere que su palabra clave sea lo más específica y concreta posible. Recuerde siempre el objetivo de su negocio y compre palabras clave que animen a la gente a que visite su sitio web. Las palabras que son muy generales le costará más y al mismo tiempo atraerá menos clientes a su sitio web. Antes de empezar a comprar palabras clave usted necesita buscar en el contenido de su sitio web.

¿Quieres comprar palabras clave que son eficaces para su contenido de negocio y que la gente vuelve a su sitio web?

La idea de comprar palabras claves es la de poder anunciar su sitio web a través de los motores de búsqueda o de sitios afiliados a los buscadores. Así cuando usted compra una palabra clave y esta la introduce un usuario en un buscador se mostrará su anuncio. Si su anuncio está bien redactado y atrae la atención lograra unos resultados extremadamente efectivos.

# Capítulo tres:

## Crear contenido que sea eficaz

Internet está diseñado para ser cambiante y dinámico. Las personas que visitan su sitio web desean ver el contenido que es nuevo y lleno de ideas y promociones comerciales. Si la gente visita su sitio web y no ve nuevo contenido de forma frecuente pensarán que su sitio está estancado y ha sido abandonado sin ningún tipo de servicio al cliente. La página principal de su sitio web es uno de los aspectos más importantes de su estrategia de marketing online.

Es el contenido de su página de inicio que da a su negocio una marca. Mientras más útil y profesional sea la información de su página de inicio más credibilidad será para su producto o servicio.

Internet es uno de los mejores lugares para los consumidores para conocer nuevo productos y servicios. Esto coloca a la red por encima de televisión, radio, revistas y periódicos. Cuando se utiliza el Internet para promover su producto o servicio tiene la oportunidad de alcanzar una multitud de clientes potenciales en cualquier lugar en cualquier momento. La web es uno de los medios más poderosos para alcanzar e influenciar a la gente.

## Componentes de buen contenido

Uno de los ingredientes clave para el éxito en Internet es la creación de contenido en el sitio web que los usuarios de Internet quieran leer.

**Si tiene contenido que es interesante, actual, y bien escrito, usted tiene algunas de las principales herramientas que usted necesita para obtener el tráfico que desea a su sitio web.**

**Escritura de Decisiones:** La primera vez que va a empezar a escribir el contenido para su sitio web usted se encontrará frente a muchas decisiones, incluso antes de sentarse a el teclado o tomar un bolígrafo.

Al comenzar a desarrollar el contenido de las páginas web usted encontrará que está cambiando a menudo muchas de sus primeras decisiones.

Todo esto es parte del proceso de la escritura. Pero, ¿cómo puede organizar eficientemente todo lo que quiere escribir para que sea atrayente para los lectores e inclusive escribir exactamente lo que ellos están buscando?

Es importante que averigüe lo que la gente está buscando en internet y así poder enfocarte en crear contenido sobre esos temas que estén relacionados con tu servicio o los productos que ofreces. Tómese su tiempo para estudiar a los más buscados de los motores de búsqueda para productos o servicios que son similares a lo que estás vendiendo.

Aunque estos sitios web mejor clasificados tienen más probabilidades de utilizar SEO Las técnicas de optimización de buscadores todavía se puede leer qué es lo que se está utilizando para atraer a la multitud. Tome algunos de estos conceptos y los incluye en su contenido web.... pero sólo si estos conceptos mejoran lo que Usted está escribiendo y son totalmente pertinentes a los productos o servicios que estás vendiendo.

Tenga en cuenta que, aunque un sitio web puede estar en la parte superior de los motores de búsqueda de hoy en día, no les llevará mucho tiempo volver a caer en las filas de los últimos "sitios web". Muchas veces nos encontramos con sitios web que están diseñados única y exclusivamente para aparecer en los primeros resultados de los motores de búsqueda y podemos encontrar sitios que no ofrezcan información útil para los usuarios reales.

Por: Cesar Pietri

¿Cuántas veces has buscado un tema en un motor de búsqueda y encuentras que los principales puestos están llenos de artículos y el contenido web que no tiene nada que ver con lo que es el sitio web?

Las personas que usan Internet buscan uno o más de los siguientes componentes:

- Entretenimiento
- Información
- Comunidades (Foros, redes sociales, grupos, etc.)

Si su sitio web ofrece al menos uno de estos componentes estas en el camino de atraer a los clientes potenciales y fidelizar clientes ya existentes.
Los sitios web que contienen contenido valioso no sólo le dan mayor credibilidad a su negocio, también posicionan a su empresa como un experto en la industria del negocio.

# Mantener su sitio web fresco con nuevo contenido no tiene que ser una tarea abrumadora.

¡Hay técnicas eficientes y de ahorro de tiempo con la que usted puede tomar ventaja de mantener su sitio web actualizado... sin tener que contratar a cientos de personas para ayudarle!

**Página de inicio dinámico:** Una manera en que usted puede tener un constante cambio en la página principal es el diseño de cinco a diez páginas únicas y luego rotarlas cada mes. Tome un par de semanas para diseñar diferentes ideas para su página principal.

Crear promociones en páginas aleatorias que incluyen un mensaje que está a punto de acabarse o que tienen imágenes estacionales con anuncios como "ofertas de navidad".

Por: Cesar Pietri

**Al diseñar diferentes características para su página de una sola vez te ves obligado a mirar a tu estrategia de marketing para al menos un año.**

Esto le ahorrará mucho tiempo, ya que entonces no hay que pensar en el contenido de su página de inicio durante unos 12 meses. Un desarrollador web puede poner sus páginas de inicio en un sistema rotatorio o utilice un temporizador automático.

A continuación, puede rotar las páginas de inicio para seleccionar una nueva oferta cada mes o para promocionar un producto destacado. La página de inicio de su sitio web es muy similar a la portada de una revista. La gente quiere ver una página de inicio que tiene diversas fotos y el contenido por lo menos cada mes.

Usted no va a querer tener todo el contenido de su sitio web en la página principal ya que esto puede abrumar a sus visitantes del sitio web. Elegir una o dos características para resaltar cada mes es mucho más efectivo. El resto del contenido de su sitio web debe estar bien organizado en el resto de las páginas de su sitio.

Cuando esté listo para actualizar su página de inicio todo lo que tienes que hacer es agarrar el contenido de otras páginas web. De esta manera usted no tiene siempre que crear un nuevo contenido, pero la reorganización de su contenido actual, da la apariencia de contenido nuevo.

**Cambiar la página de inicio con demasiada frecuencia:** A pesar de que usted quiere que su sitio web se vea nuevo y dinámico no debe cambiar demasiado a menudo. Las personas que navegan por Internet se sienten cómodos con sus sitios favoritos y queremos que sigan siendo familiares. Si cambia su página de inicio con demasiada frecuencia puede confundir a las personas que vienen a su sitio web frecuentemente. También corre el riesgo de poner en peligro su posición en los motores de búsqueda si no mantienen algún tipo de coherencia en su página principal.

Cuando va a actualizar el contenido de su página de inicio quiere asegurarse de que usted no va a confundir a la gente. Cuando usted hace cambios en los gráficos o contenido no debe cambiar la forma en que su sitio web se ve y se siente. El visitante regular a su sitio web debe ser capaz de encontrar la misma información que han encontrado siempre en su página de inicio.

En resumen, las cabeceras y las herramientas de navegación de su página de inicio no deben nunca cambiar. Cambie el contenido e imágenes con otros contenidos y las imágenes mientras mantiene su funcionalidad original. Las páginas de inicio que son consistente tienen que dar una sensación de confort a los usuarios. Si sus clientes se acostumbran a una consistencia en la navegación y contenidos dentro de la web también van a aprender a confiar en su calidad de servicio y atención al cliente. Si usted es un pequeño negocio en línea, ganar la confianza de sus clientes es sinónimo de fiabilidad.

**Posicionamiento en buscadores:** El posicionamiento en buscadores puede verse afectado por los cambios que realice en su página de inicio. Hay algunos motores de búsqueda que rastrean los sitios web con sus programas llamados "araña" cada tres semanas a tres meses. Estos motores de búsqueda echan un vistazo a todos los aspectos de su sitio web desde el contenido de la página inicio hasta las etiquetas que tiene para los gráficos.

## Su sitio web será posicionado más alto mientras más tiempo permanezcan las palabras clave de forma consistente.

Es necesario encontrar un equilibrio entre mantener las cosas en su página de inicio con contenido nuevo y emocionante y, al mismo tiempo, mantener las cosas de forma familiar y similar.

La mejor manera de lograrlo es mantener la mayor parte de la página principal de la manera que es y cambiar sólo una parte de ella. Esta permite a los visitantes de su sitio web ver el contenido nuevo y no tendrá que preocuparse de que su sitio web pierda posicionamiento en los buscadores.

**Beneficios de una página de inicio Flexible:** Una vez que hayas dominado la técnica de actualización de su página de inicio, y que al mismo tiempo puedas mantener el núcleo el contenido, usted estará en el camino de reconocer los beneficios de una página de inicio flexible. Una página de inicio flexible le permite probar sus esfuerzos de marketing que vayan a funcionar de forma offline o fuera de línea.

Antes de gastar dinero en una revista o periódico, puede probarlo en su sitio web. Usted será capaz de ver cómo la gente reacciona al anuncio. La página de inicio le permitirá determinar que productos atraen el mayor interés.

También puede determinar qué gráficos generan la mayor atracción. Usted necesitará software de seguimiento web para obtener este tipo de información. Software de seguimiento que le permite obtener datos de marketing de forma detallada y precisa. Usted será capaz de ver que personas han hecho clic en los gráficos, así como qué página web se encontraban justo antes de salir de su sitio web.

Una opción muy completa y gratuita es el sistema de analíticas de Google.

- www.google.com/analytics/ -

Yo lo utilizo en todos mis proyectos y los de mis clientes. Es muy fácil de implementar y ofrece una información bastante completa.

**A diferencia de las campañas de marketing que puedas hacer fuera de línea, el marketing online es 100 por ciento rastreable y medible.**

Con lo cual puedes medir tus esfuerzos al detalle y poder redireccionar tu campaña en la dirección correcta.

**Contenido si usted no escribe:** Si usted no escribe, o no sabe cómo tomar fotografías, todavía hay algunas cosas que usted puede hacer para generar contenido para su sitio web:

- Comprar contenido: Puede comprar imágenes y fotografías que son de alta calidad sin tener que gastar un montón de dinero.

  Gastar unos pocos euros en algunas grandes imágenes le puede dar a su sitio web un aspecto profesional. Hay muchos sitios web en Internet donde se pueden encontrar imágenes y fotografías que se relacionan con su negocio por ejemplo Adobe Stock.

No es recomendable que compres el contenido escrito por la sencilla razón de que no es rentable. Muchos de los servicios en Internet que proveerán contenidos están orientados hacia las grandes compañías en línea que tienen un presupuesto de marketing elevado.

El objetivo del contenido de su sitio web es hacer de su empresa y producto parezca creíble. Usted puede lograr esto a través de unos pocos artículos en sus páginas web.

- Permita a los clientes crear contenido: Usted puede hacer que sus clientes generen contenidos para su sitio web. Una forma de hacer esto es por la creación de una sección titulada "Preguntas más frecuentes".

Aquí sus clientes pueden hacer preguntas acerca de su producto o servicio y hacer una lista de sus respuestas. Puede rotar este tipo de información y contar con una pregunta diferente cada semana. Otra manera de crear contenido es mediante la celebración de un concurso pidiendo a los clientes que envíen sus historias acerca de cómo disfrutar de su producto o cómo les ha ayudado de alguna manera. Usted puede ofrecer un premio tan especial como un cupón para un producto gratis. Usted puede tomar las mejores historias escritas y luego publicarlas en sus páginas web. No solo es este tipo de material un gran contenido para su sitio web, sino que también actúa como un testimonio.

- Los enlaces a otros contenidos: Otra forma que puede actualizarse el contenido para su sitio web sin tener que escribirlo uno mismo es por publicación de títulos de noticias relacionadas a su sitio web. Entonces simplemente proporcionar un enlace desde el título del artículo original.

El contenido de las pequeñas empresas en Internet no tiene por qué ser original. Sin embargo, debe ser útil a las personas que leen su sitio web. El contenido que elija para su sitio web deberá mostrar a sus clientes que usted se preocupa lo suficiente sobre la información que usted les está proveyendo al publicar enlaces a artículos originales. Esta información puede incluir cualquier cosa, desde problemas de salud a los nuevos elementos de la información sobre la familia. Debe cerciorarse de citar sus fuentes y nunca copiar artículos sin la correspondiente autorización.

**La importancia de la comunicación:** Una cosa que usted necesita recordar sobre lo que quiere decir en su sitio web es la importancia de la comunicación en todo lo que usted escribe. Hoy en día la competencia por la comunicación en Internet es difícil. El enorme volumen de información que se enrutan a través de Internet es enorme. Cada día la gente en la web es bombardeada con sitios web y empresas buscando su atención.

## La gente está ocupada y el tiempo es corto.

Por lo que es aún más importante saber cómo hacer que su mensaje llegue. Los aspectos clave de la buena comunicación con el cliente incluyen:

- la capacidad de entender a los clientes
- la capacidad de comprender el estilo de comunicación de sus clientes esto los hace más propensos a prestar atención y la capacidad de adaptar el contenido de su sitio web para sus clientes.

Cuando usted se comunica con sus clientes a través de Internet tienen una sola oportunidad de comunicar su mensaje. Hay que tener en cuenta que los clientes y clientes potenciales, no tienen mucho tiempo para leer lo que usted tiene que decir.... así que es mejor decirlo rápido, con precisión, y con las palabras que quieren oír.

## Aprenda a mantener su mensaje simple y directo.

Hay algunas ideas básicas que usted debe tener en mente cuando se está escribiendo el contenido del sitio web que los clientes quieren que diga:

- Identificar y clarificar el mensaje de marketing que desea transmitir a sus clientes. Al señalar su enfoque tiene la capacidad de acercar y dar a sus clientes contenidos que puede confiar.

- Reúna información. No se limite a escribir el contenido del sitio web para llenar su espacio web. Descubra lo que los clientes quieren leer y escriba para ellos.

- Evaluar la información que usted está escribiendo. Asegurarse de que la información en que usted está basando su contenido es en precisa y fiable. ¿La información representa el punto de vista acerca de su negocio que usted quiere transmitir? ¿La información es un hecho u opinión? Muchas veces una combinación de (1) hecho, y (2) la opinión del cliente, van de la mano para la escritura de contenido que la gente quiere leer.

- Considere las alternativas y las consecuencias de lo que escribes. Asegúrese de extraer las conclusiones adecuadas de lo que escribe y que los lectores saquen las mismas conclusiones sobre el contenido de su web. ¿Cuáles son los costos, beneficios y consecuencias de los contenidos que usted tiene en su sitio web? Tome el tiempo de sopesar las ventajas y desventajas de crear contenido para la optimización de motores de búsqueda y en su lugar centrarse en la creación de contenido que la gente quiere leer.

# Capítulo cuatro:

## Generación de publicidad gratuita

Por: Cesar Pietri

Una de las mejores maneras de conseguir clientes potenciales en Internet es adquirir o recibir una mención sobre tu producto en otro sitio web o que alguien comparta un enlace hacia tu web desde otra página. Una estrategia de marketing online efectiva intentar poner su producto o servicio delante de clientes potenciales en el tiempo exacto que están buscando.

Esta técnica se conoce en el mercado anglosajón como "Pinpoint marketing". El Pinpoint marketing es muy diferente a publicidad en radio o televisión, lo que se conoce como "técnicas de marketing intrusivo".

Este último es menos eficaz por la sencilla razón de que estas tratando de poner su producto delante de todo el mundo en lugar de identificar aquellos clientes potenciales que quieren saber más acerca de usted y su negocio.

**Pinpoint Marketing:** marketing de Pinpoint es el proceso de envío del mensaje correcto en el momento adecuado para que produzca resultados reales.

*Por ejemplo, si usted está en un juego de pelota y está comiendo una bolsa de palomitas de maíz. Sólo cuando usted toma un puñado de palomitas de maíz el logotipo de Coca-Cola aparece en la pantalla gigante.*

*La siguiente cosa que usted quiere hacer es buscar al primer vendedor que le puede vender una lata de Coca-Cola. Sin embargo, si un anuncio para un coche nuevo aparece en la pantalla gigante mientras usted está viendo el partido y comiendo palomitas de maíz, es menos probable que se interesen ya que no es algo que usted está buscando en ese momento. Mercadeo interruptivo en realidad no es objetivo porque no es algo que usted está buscando activamente. Las personas que utilizan Internet suelen buscar una solución a un problema. Cuando usted pone su producto en frente de ellos en el momento indicado va a tener a un cliente potencial.*

**Mensajes incrustados:** Estos días, más personas que nunca están usando Internet para investigar sobre un producto antes de comprarlo. Además, la mayor parte de los usuarios de Internet se están volviendo más serios sobre la cantidad de tiempo que pasan en línea. Los estudios muestran que los usuarios pasan menos tiempo en la web y que el tiempo que pasan navegando es más centrado. Muchos usuarios marcan sus sitios web favoritos para que puedan acceder a información rápida y fácilmente. Cuando la gente quiere una solución a un determinado problema, como un problema de salud o tomar unas vacaciones, a menudo buscan en línea para las respuestas. Es por eso que es importante para usted que ponga su producto o servicio delante de ellos siempre que pueda.

# Establecer credibilidad

Uno de los principales problemas con el marketing online es el establecimiento de credibilidad con sus clientes. Debido a que hay tantas estafas por Internet por ahí las personas tienen miedo de quienes hacen negocios y aún más cuidado con las compañías que no están familiarizadas. Como una pequeña empresa necesita ganar credibilidad en Internet al hacer que su logo y nombre de la compañía  sean un elemento familiar para los usuarios de Internet. Una manera en que usted puede lograr esta credibilidad es mediante la creación de un carrito de compras o el uso de pasarelas de pago en una empresa conocida, no sólo tienen acceso a la tecnología de los carros de compras también encontrará usted afiliado a una compañía en línea conocida y exitosa. Estas empresas ofrecen a los clientes la confianza necesaria para hacer negocios con usted.

Por: Cesar Pietri

Algunas compañías que ofrecen este servicio son:
http://www.1and1.es
http://www.laprimera.net/
https://www.paypal.com/

<u>Publique su contenido en otros sitios web:</u> Otra manera que usted puede construir credibilidad en línea es intercambiar contenido. Si usted puede colocar un artículo que incluye un enlace a su sitio web en otro sitio web que está bien posicionado dentro de la industria esto va a aumentar sus posibilidades de credibilidad.

Esto luego incrementa su potencial de ventas. Pero, ¿cómo conseguir que los editores o los administradores hagan caso de su empresa? En el capítulo 3 usted aprendió el valor del contenido web para empresas de todos los tamaños. También ha aprendido lo caro que puede ser la compra de contenidos web. El resultado final es que muchas empresas están dispuestas a negociar una mención gratuita en su sitio web a cambio de un buen artículo. De esta forma la otra web consigue contenido de calidad gratis y usted publicidad gratuita para su producto o servicio.

Esto hoy en día es muy común en blogs, puedes buscar un blog relacionado al tema de tu web y convertirte en colaborador escribiendo artículos a cambio de poner un enlace a tu web.

A esta modalidad dentro del marketing online se le conoce como **"Guest Posting"** del termino en ingles que significa Mensaje de invitado.

Usted puede obtener una gran cantidad de prospectos, escribiendo artículos. Cuando un cliente potencial lee el artículo esto ayuda a establecerse como un experto en su campo. Cuando el lector visita tu página a través de ese enlace tienes muchas posibilidades de que se convierta en cliente.

Las personas que utilizan Internet quieren resultados inmediatos. Ellos saben exactamente lo que están buscando, para que su mensaje publicitario tenga un buen resultado su mensaje tiene que ser apropiado, conciso y al grano. Usted necesita pensar acerca del tipo de personas que tendrán acceso a la página web donde va a publicar su artículo.

**<u>Intercambio de Publicidad:</u>** Una buena manera de que sus productos se muestren fuera es mediante el uso de enlaces, anuncios, cupones e intercambio de artículos. Por ejemplo, si su negocio es sobre reformas en el hogar usted podría intercambiar publicidad con otros negocios que no son competencia directa pero que si estén en el mismo sector.

*Para el ejemplo de una empresa que venda productos para las reformas en el hogar podría intercambiar publicidad con empresas de pintores o electricistas inclusive puede intercambiar artículos y así una vez más ganar más credibilidad en su sector.*

*Marketing Boca a Boca - Word of Mouth Marketing "termino anglosajón"*

La segunda forma más común que las personas a encuentren nuevos sitios web es el boca a boca. Los motores de búsqueda son la principal manera.

El boca a boca puede ser generado a partir de publicaciones en foros, redes sociales o correo electrónico, desde de este punto se le conoce como "marketing viral" y es uno de los más grandes éxitos en la historia de Internet.

El marketing viral funciona de la misma manera que las leyendas urbanas y bromas en el trabajo, videos graciosos que se envían en todo el mundo.

El marketing viral se aprovecha de las necesidades de socialización de la gente.

No importa cuán pequeña sea la red social que empieza, es tan eficaz que puede convertir una pequeña empresa desconocida en una que se conoce en todo el mundo. Algunas de las

Por: Cesar Pietri

compañías más grandes del Internet se basan en el marketing viral para mantener el éxito.

Usted puede configurar una campaña efectiva de e-mail marketing sin un gran presupuesto o una gran cantidad de tecnología. Todo lo que necesitas hacer es crear una firma de correo electrónico con un mensaje que capte la atención del lector y un enlace que lo redirija a su web. Este mensaje se adjuntará a cualquier e-mail que su empresa envíe.

**Algo gratis:** A todo el mundo le gustan las cosas gratis si usted ofrece algún producto gratuito se correrá la voz a través de internet bastante rápido y estas ofertas gratuitas traerá el tráfico a su sitio web. Sin embargo, la mayoría de pequeñas las empresas no pueden permitirse el lujo de regalar muchas cosas. Lo que puedes hacer es ser creativo y ofrecer un producto gratuito para las primeras personas que compren otro producto de su sitio web. Esto puede ser tan simple como regalar unas entradas de cine.

**Foros y chats:** Foros y chats son buenos lugares para el boca a boca y el marketing. Es particularmente efectivo para las personas que tienen 25 años de edad y menos.

En estos sitios las personas comparten sus ideas y teorías, este puede ser un buen lugar para promocionar su negocio.

E-mail es una herramienta que hace fácil compartir ideas y conceptos con los demás en cualquier parte del mundo. Si usted puede conectar su mensaje de marketing a estos e-mails usted será capaz de crear un zumbido sobre su producto o servicio.

Cuando los clientes potenciales reconocen su logotipo o nombre de la empresa está en el camino de ganarse la confianza, la credibilidad y el cierre de una venta.

**Nombres de dominio:** Una última cosa para recordar cuando usted está tratando de difundir información acerca de su compañía es la eficacia de un nombre de dominio memorable.

Usted quiere elegir un nombre de dominio que sea fácil de recordar, fácil de deletrear, y que se relacione con lo que estás vendiendo.

Por: Cesar Pietri

# Capítulo Cinco:

## E-mail Marketing

A medida que Internet ha crecido, el e-mail marketing se ha convertido en uno de las herramientas más eficientes y rentables para el marketing online. El E-mail marketing drásticamente afecta a las empresas ya sean B2B o B2C.

**El marketing a través del correo electrónico aumenta la credibilidad y fidelidad de tu marca y aumenta su servicio al cliente a través de los ojos de sus clientes.**

Cuando el marketing por correo de suscripción voluntaria existe este puede ser más eficaz que cualquier otro tipo de estrategia de marketing que apliquemos.

Lo que hay que tener en cuenta es que ningún componente de una campaña de email marketing se sostiene de forma individual, lo que quiero decir con esto es que la efectividad de esta técnica depende de todos los elementos involucrados así que al momento de enviar un boletín electrónico a nuestra lista de correos debemos tener un sitio web bien configurado que nos respalde, así como el interés en su sitio web para hacer crecer su lista de correo electrónico.

La mayor actividad que se genera con el uso de internet es el envío de correo electrónico y es por este motivo que el email puede ser usado como una excelente herramienta para hacer marketing online.

# Correo electrónico de suscripción voluntaria

Una clave importante dentro de una estrategia de marketing por email es enfocarnos única y exclusivamente en el envío de correo a cuentas que se hayan suscrito a nuestra lista de forma voluntaria lo que se conoce en inglés como "opt in".

Nunca se debe alquilar o comprar una lista de e-mail ya que se considera spam. No importa lo que el dueño de la lista de e-mail le dirá, la mayoría de las direcciones en la lista de correo no optaron por recibir e-mail y menos aún por recibir correo de su compañía ya que en ningún momento se les notifico que usted les enviaría correo.

Al enviar e-mail a las personas que no lo quieren usted está enviando spam. El spam dará una mala imagen de la empresa y traerá como consecuencia la pérdida de confianza que los clientes tienen en vosotros. Tienes que enfocarte en buscar prospectos que sean de calidad y no cantidad y la mejor manera de conseguir esto es creando tu propia lista de correo electrónico por suscripción voluntaria.

Usted encontrará que los resultados finales serán beneficiosos para usted y su negocio.

El E-mail marketing se debe considerar una extensión del servicio que usted proporciona al cliente.

¿Quieres ser capaz de comunicarse con sus clientes en cada etapa del proceso de ventas?

Cuando usted da a sus clientes lo que piden, sin abusar y sobresaturarlo con mensajes, usted estará por establecer las bases de una relación basada en el respeto y esto conduce a la lealtad del cliente a largo plazo.

# Construye tu Lista de E-mail

Se necesita tiempo para construir una lista de correo electrónico, pero una vez que lo haces, tendrás los nombres de las personas que realmente están interesadas en lo que usted está vendiendo.

La cosa que hay que recordar es no abusar de la confianza de una persona una vez que le dé su información privada y dirección de correo electrónico.

Deje que los clientes sepan que usted valora su confianza y va a respetar su privacidad. Usted puede hacer esto a través de una política de privacidad en su sitio web donde se compromete a no vender la información a otras empresas o proveedores.

Usted puede ir tan lejos y explicar todo para que sus clientes sepan lo que va a ser con su correo electrónico y con qué frecuencia puede esperar. Muy importante es siempre proporcionar a las personas la opción a retirarse de su lista de correo electrónico. Esto siempre le da al cliente confianza.

Para conseguir que la gente se una a su lista de correo electrónico no le pida más que unos pocos bits de información a la vez. Es necesario ganar su confianza antes de pedir demasiada información.

Usted puede comenzar pidiendo su nombre y dirección de correo electrónico.

Sus futuras promociones de marketing ayudarán a rellenar otros datos como la edad y la demografía.

Tomará tiempo obtener una idea clara de quiénes son sus mejores clientes y para mantenerlos dentro de la lista es bueno ganar su confianza ofreciendo información de calidad, regalos, descuentos, etc.

Algunos métodos que se pueden usar para obtener las direcciones de correo electrónico offline, es solicitar tarjetas de visita en reuniones, networking o ferias.

Debido a este tipo de eventos es fácil asumir que la persona que le da una tarjeta de visita está dispuesta a entrar en contacto con usted, así que podría enviar un correo informándole sobre su página web o sobre su lista de suscripción voluntaria.

Marketing orientado a objetivos: Una vez que haya creado su lista de correo electrónico es el momento de desarrollar un plan de marketing por correo electrónico.

Determinar cuál es su objetivo de negocio y cómo va a lograr este objetivo:

- ¿a través de clientes ya existente?
- ¿Más prospectos?
- ¿e-mail marketing?

Desea definir sus metas y del mismo modo hacer un seguimiento del proceso.

# Boletines por Correo Electrónico

Si usted va a enviar un boletín informativo por correo electrónico es necesario proporcionar incentivos para que las personas quieran quedarse en su lista de correo electrónico.

Ideas para el contenido: No siempre tienen que ofrecer descuentos o productos gratis como incentivos a los clientes. El contenido de su boletín de noticias puede también ser un buen incentivo. Un buen contenido del boletín incluye:

- Casos de éxito de los clientes.
- Información de expertos en su industria.
- Una sección de preguntas y respuestas.
- Noticias y / o información sobre su industria.
- La retroalimentación de los clientes.
- Consejos acerca de sus productos o servicios.

Su boletín no debe incluir información tal como "Acerca de ti", su historia de la empresa, o las noticias de la empresa.

Este tipo de información sólo es valiosa para los inversores. El resultado final es que sus clientes no se preocupan por lo que ocurre en su empresa. Sólo quieren saber lo que la empresa puede hacer por ellos.

Un buen contenido del boletín es algo que capta el interés de sus clientes. En un boletín sucede, al igual que su página de inicio, sólo tiene unos segundos para captar la atención de su cliente antes de decidirse a borrarlo. Su boletín debe inmediatamente dejar saber a su cliente lo que puede hacer por ellos, cómo lo vas a hacer, y por qué deben hacer negocios con usted.

Los boletines son una gran forma de promover su negocio, pero asegúrese de que se toma en consideración el contenido, la longitud, y la frecuencia del boletín.

Que sea corto: El boletín debe ser conciso, breve y llegar a Punto. No debe contener más de 1000 palabras y tratar con no más de cinco productos o servicios diferentes al mismo tiempo. La gente no les gusta leer largos e-mails.

Boletines que tienen que ver con varios departamentos dentro de la web o empresa son más difíciles para usted de actualizar.

Esto podría ser un obstáculo para el envío de boletines en un periodo regular y mantenerlo con contenido fresco. Si hay demasiada información en el primer e-mail de su boletín el cliente no tendrá que hacer clic a través de su página web.

Y un no-clic significa que no hay manera de hacer un seguimiento del éxito o fracaso de su estrategia de marketing.

En este punto me gustaría recomendar el uso de un blog ligado a tu boletín electrónico, de este modo puedes enviar una pequeña introducción del boletín al e-mail del usuario y dentro del mensaje incluir un enlace al artículo en el blog, es aquí donde podrán leerlo en su totalidad. De este modo el email será corto y ganaras más visitas a tu web.

La principal diferencia entre el marketing online y marketing tradicional es que los métodos en línea permiten realizar un seguimiento de lo que está sucediendo.

Si el e-mail que envías no anima a los clientes a hacer clic a su sitio web no se sabe lo que funciona y lo que no.

Frecuencia y Tiempo: Es necesario determinar cuándo y con qué frecuencia usted va a enviar boletines de correo electrónico. Usted no desea enviar correo con demasiada frecuencia, ya que esto puede abrumar a sus clientes.

Al mismo tiempo, usted no quiere esperar demasiado tiempo entre los e-mails o sus clientes empezarán a olvidar quién eres. El tiempo y la consistencia pueden variar dependiendo de qué tipo de negocio tiene. Si no está seguro de cuándo y con qué frecuencia debe enviar sus boletines, solo pregunte. Cada vez que alguien se una a su lista de correo electrónico pregúnteles con qué frecuencia desea recibir un e-mail de usted.

Otra forma de rastrear la frecuencia y el momento es mediante el envío por E-mails en diferentes momentos durante la semana. A continuación, un seguimiento y estudio de las estadísticas de su sitio web le dirá que día es el mejor para el envío de su boletín informativo.

*Lista de Servicios de Alojamiento*

Puede crear, enviar y realizar un seguimiento de su campaña de marketing por e-mail mediante el uso de un programa de e-mail hosting.

Usando un programa de correo electrónico es un importante método de marketing online efectivo.

Un hosting de e-mail le quita parte del trabajo de agregar manualmente y borrar direcciones de la base de datos.
Estos servicios también tienen la capacidad de testear sus boletines antes de enviarlos y hacer pre visualizaciones para ver que tal quedan.

Hay varias plantillas para que usted pueda elegir, lo que significa que usted no tendrá que aprender a usar HTML con el fin de enviar un boletín de noticias de aspecto profesional.

Si decide usar una plantilla debe asegurarse de que coincide con la apariencia de su compañía, su marca y sitio web. La consistencia es la clave de la eficacia del marketing online.

Recurso recomendado: *Aweber.com* aunque hay varios servicios para gestionar listas de correo este es el más reconocido por los marketer de todo el mundo.

Visita el enlace:

https://www.aweber.com/

Los servicios de hosting para listas de correos le permiten realizar un seguimiento y administrar el correo electrónico para su campaña de marketing. Usted tiene la capacidad de recibir informes que tienen detalles precisos acerca de qué vínculos y gráficos sus clientes hacen clic.

Esta información le permite cambiar el contenido de su boletín de noticias y enfocarlo a lo que sus clientes quieren leer y ver.

A medida que comience a enviar más boletines obtendrá una mejor idea de qué es lo que sus clientes quieren. Es por eso que queremos que el contenido de sus boletines de noticias sea flexible.

Debe crear el contenido del boletín basado en los perfiles de los clientes a los que estamos tratando de alcanzar. La mayoría de los servicios de listas de e-mail le permitirá configurar las páginas de suscripción para que sus clientes puedan indicar lo que quieren recibir de su empresa.

Si el boletín contiene algo de valor, como por ejemplo Información de viajes, los clientes son más propensos a enviar el e-mail a amigos y familiares.

**Al establecerse como un experto en su industria y dando a sus clientes la información que desea ver usted va a construir credibilidad y confianza.**

Siempre tenga en cuenta que no importa que tan grande sea el contenido del boletín, no hay garantía de que la gente lo lea. Una manera que puede ayudar a que su correo no lo eliminen antes de abrirlo es creando un buen título.

# Títulos que llamen la atención

Muchos boletines electrónicos no llegan a ser leídos por la sencilla razón de que el titulo no era lo suficientemente llamativo como para invitar a lector a abrirlo. Aunque la cantidad de palabra para el título del mensaje es bastante limitada es un espacio que hay que tomar en cuenta ya que de esto depende gran parte del éxito de nuestra campaña.

Mientras más correos recibimos en nuestra bandeja de entrada más importante se hace tener un título llamativo porque ese título del mensaje es el que crea la primera impresión para nuestro negocio.

Con sólo un par de palabras que usted escriba puede animar a alguien a leer su boletín de noticias o puede hacer que se retire.

Aquí hay algunas reglas simples para la creación de un buen título del mensaje:

- Mantén el titulo corto y conciso. El titulo nunca debe ser mayor de diez palabras de largo. De hecho, cinco palabras o menos es la longitud perfecta. La mayoría de los navegadores de correo electrónico no permitirá a los usuarios ver más cinco o seis palabras por lo que una línea más larga se truncará y no será visto por el usuario.

- Haga hincapié en los beneficios para el lector. Quieres que sea lo más fácil como sea posible para que sus clientes sepan exactamente por qué van a beneficiarse de la lectura de su boletín informativo. Esto puede ser tan simple como una "Recompensa" por sólo abrir el e-mail. Un premio puede ser alguna información o un cupón de descuento. Desea utilizar frases hechas como **"ahorra dinero"** y **"ahorrar tiempo"** para llamar la atención inmediata de un lector. La clave está en atraer a sus clientes a querer leer más y abrir el e-mail.

- Haga preguntas. Cuando se hace una pregunta en el titulo puede incitar al lector a sentir curiosidad y querer saber más. Además de esto cuando tu título incorpora una pregunta suele dar la sensación de un usuario más cercano, como si fuese un correo de algún colega y esto da más tranquilidad para abrirlo.

- Titulo personalizado. Un gran error que lo convierte en "spam" es el envío de su e-mail a "destinatarios no revelados". Asegúrese de usar siempre el nombre de la empresa o el nombre real del remitente. Trata de poner el nombre de los destinatarios en el titulo si hay espacio, y del mismo modo inserta en el mensaje un saludo personalizado.

- Aprovéchate de las temporadas o fechas especiales, si se acercan las vacaciones o navidades puedes usarlas para la cabecera de tu mensaje por ejemplo "Ahorre tiempo en sus compras de Navidad".

- Evite el uso de la palabra "Gratis". Por lo general los programas que manejan tu correo al igual que los antivirus que analizan tu buzón de mensajes suele tener filtros para evitar el Spam y la palabra gratis suele levantar las alarmas de estos programas y podrían enviar tu correo a la bandeja de no deseados.

# Capítulo seis:

## Construir una comunidad en línea

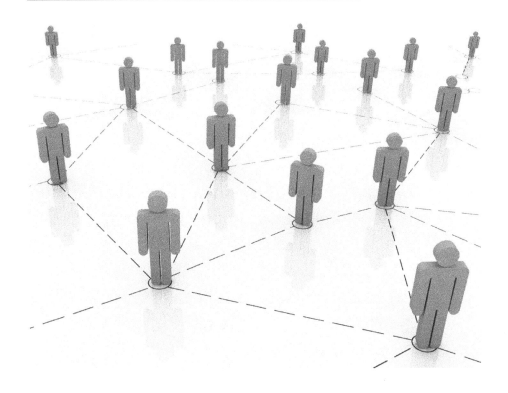

**Más del 93% de los internautas participan en algún tipo de comunidad en línea.**

Pero ¿por qué son las comunidades en línea tan atractiva para tantas personas?

- Las comunidades en línea son muy parecidas a un café virtual, bar, u otro lugar de reunión para encontrarse con personas de similares intereses.

- Las comunidades en línea son un gran lugar para aprender algo nuevo.

- Las comunidades en línea son lugares donde la gente puede ser anónima y compartir sus problemas o temores.

- Las comunidades en línea permiten a la gente hablar con gente de la misma forma de pensar para que puedan confirmar sus creencias.

- Las comunidades en línea permiten a las personas que se enfrentan a una dificultad a sentirse menos sola.

**<u>Definición de una comunidad en línea:</u>** Una comunidad en línea se puede acceder desde cualquier lugar y en cualquier momento. Algunos de los componentes de una comunidad en línea incluyen salas de chat, foros, boletines de noticias, calendarios de eventos y cualquier otra cosa que le permite a un usuario de Internet interactuar con otros.

Por: Cesar Pietri

¿Por qué debería tomar en cuenta el uso de las comunidades on line para mi estrategia de marketing online? Los clientes que participan en una comunidad en línea son un buen objetivo para sus ventas porque tienen una alta afinidad por su producto. Cuando usted tiene una comunidad de clientes en línea fuerte y sólida sabe que usted ha construido un público fiel para su empresa y los productos o servicios que usted vende.

Sus clientes leales difundirán noticias de su empresa a través del boca a boca y esta acción va a incrementar aún más sus ventas.

**Foros:** será para su beneficio el proporcionar a sus clientes un foro en su sitio web. Usted puede distribuir el foro en categorías para sus diferentes productos o servicios y animar a sus clientes a compartir sus ideas y opiniones con los demás.

Este es el primer paso hacia la construcción de una comunidad en línea. Los clientes responderán a las preguntas de otros y esto le ahorrará algo de dinero en el costo del servicio de atención al cliente.

Sólo tiene que asegurarse de que usted modera el foro de forma regular para que sus clientes estén recibiendo la información de forma precisa.

Los foros de mensajes también le darán una gran respuesta acerca de los productos o servicios que usted vende. La retroalimentación honesta de los clientes le permite hacerse una mejor idea de sus necesidades. También tienes mucha información que te sirve para aprender más acerca de sus clientes y que quieren de su negocio.

Los foros son una parte importante de su sitio web y de su comunidad en línea. Hoy en día se puede desarrollar un foro sin tener que gastar una gran cantidad de tiempo y dinero.

Comience por preguntar a su compañía de alojamiento web si le puede proporcionar una plantilla de foro de mensajes que se pueda incluir en el paquete de alojamiento. De lo contrario tendrá que buscar en Internet un foro de mensajes gratis. Elige un foro que se adapte a la apariencia de su sitio web para que siga manteniendo la coherencia.

**El contenido del foro:** Una comunidad en línea con éxito no es sólo un foro común. El contenido de su sitio web tendrá un gran papel en la calidad de su comunidad. Cuanto más profesional sea el contenido de su web mejor será la calidad de su foro. Siempre tenga en cuenta que es el contenido el que atrae a los usuarios.

Usted encontrará que el contenido fresco y las ideas frescas comenzarán a fluir cuando se tiene una comunidad en línea. Usted sabrá exactamente lo que sus clientes están buscando y hasta qué punto usted puede ofrecérselos. Los mensajes más activos son una manera rentable para que usted pueda proporcionar un servicio al cliente.

**Concursos:** Los concursos son una gran manera de conseguir que los clientes estén siempre entusiasmados con su empresa y su sitio web. Pida a sus clientes que compartan una historia acerca de cómo su producto o servicio les ha beneficiado. Cuando el concurso finalice usted puede publicar estas historias, junto con los nombres de los ganadores, en su sitio web. Esta técnica de marketing le proporciona testimonios y es también una buena manera de saber que les interesa.

**El mantenimiento de una comunidad en línea:** El mantener una comunidad puede ser un trabajo que consume mucho tiempo. Usted tendrá que invertir una cierta cantidad de tiempo y esfuerzo si quiere que los beneficios de una comunidad en línea tengan su efecto. Asegúrese de que todo su personal está implicado en el mantenimiento de la comunidad y que sepan la importancia de responder inmediatamente a los mensajes de sus clientes.

Cuando su comunidad se encuentra en sus etapas iniciales puede que tenga que incluir algunas de sus propias preguntas, respuestas y comentarios. Una vez que el tráfico a su foro comience a fluir por sí mismo y se requiere invertir menos tiempo en mantenimiento.

**Otras Comunidades en línea y el espacio del anuncio:** Si usted no cree que tiene el tiempo y mano de obra para mantener una comunidad en línea podría considerar la compra de espacio publicitario en una comunidad que ya esté establecida y que tiene un alto perfil en Internet. La comunidad debe tener alguna relación con los tipos de productos o servicios que usted está vendiendo.

Por: Cesar Pietri

# Capítulo Siete:

## Estrategias para el Co-Branding

Antes que nada debemos saber que el co-branding lo podemos definir como la situación en la que dos marcas juntan fuerzas para ofrecer un producto. El co-branding a primera vista suele ser un poco confuso y complicado. Si un usuario hace clic en un enlace en su página web y este enlace se lleva al usuario a una página web que tiene otra marca o empresa, puede ser un poco confuso.

Se preguntarán por qué se han dirigido a una página web completamente diferente. Cuando estás pensando en aplicar esta técnica debes elegir las alianzas estratégicas que tengan algo en común con el producto o servicio que usted está ofreciendo.

El Co-branding puede ser muy rentable, especialmente para los pequeños comercios online. Sin embargo, si se elige la pareja equivocada, o demasiados aliados, podría ser más perjudicial que beneficioso.

# Añadiendo socios a su sitio web

Por: Cesar Pietri

Como pequeña empresa tienes que ser cauteloso con su presupuesto de marketing. Al agregar un socio a su sitio web necesita asegurarse de que va a ver resultados sólidos y positivos en la unión.

Estos resultados pueden incluir más tráfico a su sitio web, el aumento de las ventas en línea o generar más contacto que a lo largo del tiempo se puedan convertir en clientes.

Co-branding es conocido por una variedad de definiciones que incluyen:

- Promociones conjuntas
- Empresas mixtas
- Alianzas estratégicas

El Co-branding funciona mejor cuando usted y su empresa asociada pueden proporcionar un servicio relacionado o producto para los mismos tipos de clientes.

Co-branding potenciado: Los estudios demuestran que la mayoría de usuarios en internet les encanta este tipo de alianza ya que le ayuda a tomar decisiones sobre los diferentes productos o marcas que se consiguen en la red.

Si tu marca no es muy conocida sería muy beneficioso tener una alianza estratégica con una marca que ya sea reconocida en el mercado ya que esto genera una gran confianza en tu producto. Aunque muchas veces este tipo de co-branding suele ser difícil de conseguir para la empresa de menor reconocimiento es algo que se puede intentar y que de no ser posible como mínimo intenta generar una alianza con una empresa de igual tamaño y reconocimiento para que las dos se beneficien en la misma proporción.

Recuerda que estas promociones conjuntas deben tener sentido para el cliente y de ese modo puedan entender la conexión entre ambas.

---

***Caso de estudio:*** *Existe una empresa "A" que fabrica y vende ordenadores portátiles y otra empresa "B" que fabrica accesorios para portátiles. Cuando entras en la web de la primera empresa y decides comprar un portátil consigues un mensaje que te recomienda una funda para ese portátil, dicha funda es fabricada por la otra* *empresa. En este caso la empresa "A" obtiene como beneficio el ayudar al cliente ofreciéndole productos relacionado a sus intereses lo cual lo fideliza como cliente por el buen servicio recibido y la empresa "B" obtiene en primer lugar mayor tráfico hacia su página web, en segundo lugar un cliente potencial ya segmentado y filtrado para su mercado (Ya sabemos que ese usuario está interesado en todo lo relacionado a portátiles) así que una vez que tenemos la atención de este usuario podemos convertirlo en un cliente de la empresa "B" y a su vez el usuario se beneficia porque consigue recomendaciones sobre productos relacionados a su compra principal que es el portátil.*

*En este caso de estudio podemos ver de forma práctica como se pueden beneficiar dos empresas del mismo sector pero que no son competencia entre ellas. También podemos ver como en esta alianza estratégica el cliente se beneficia y de forma sencilla viendo así la relación que existe entre las dos empresas lo cual ayuda al branding de cada una y también a la fidelización de este usuario.*

**Directrices para el Co-branding:** Si usted tiene un socio adecuado puede compartir los costos de comercialización y marketing, al unir fuerzas puede fortalecer su marca y vas a tener acceso a una base de clientes mayor.

# Importantes pautas del co-branding:

- ¿Qué hace su alianza a sus clientes? ¿hace que sus clientes se sientan mejor consigo mismos?
- ¿Qué es lo que usted y la empresa asociada tienen en común? ¿son sus productos innovadores? ¿Son confiables? Usted debe asegurarse de que la imagen que de esta alianza tenga sentido para sus clientes. Usted no quiere perder su actual base de datos de clientes, sino que queremos ampliarla.
- ¿Cómo beneficia esta asociación a sus clientes? ¿les va a ahorrar dinero? ¿o va a ahorrarles tiempo?
- Su campaña de marketing debe mostrar de forma muy clara el beneficio a sus clientes.

Por: Cesar Pietri

- Su objetivo con el co-branding debe ser encontrar las mejores soluciones para sus clientes. Debe existir un valor igual para ambas marcas en la alianza.
- ¿Sus clientes serán capaces de ver la conexión y el valor de su asociación?
- ¿La alianza estratégica va a ponerlo en contacto con nuevos clientes?

Las pautas anteriores deben ser respondidas antes de unirse a otra empresa para ofrecer sus servicios o productos. Las promociones en conjuntos pueden tener un gran beneficio en el ahorro de tiempo si se implementan correctamente. Este tipo de alianzas puede traer resultados muy positivos a diferencia de otros métodos tradicionales de marketing online.

Una de las reglas básicas del marketing online es: llevar su mensaje, contenidos y promociones a sus clientes en lugar de centrarse demasiado en el esfuerzo de tratar de atraer clientes a su sitio web.

# La integración de los productos en el co-branding

Cuando se trata de co-branding se tiene que tomar el tiempo suficiente para incluir los beneficios de ambas marcas en el diseño general de sus promociones de marketing. De esta manera sus clientes comprenderán la conexión entre ambos productos o servicios.

Basta con poner el logotipo de su empresa, o un enlace a su sitio web, en la web de la empresa le ahorrará tiempo y dinero, pero al mismo tiempo puede provocar la pérdida de algunos clientes potenciales.

El Co-branding que es exitoso nunca abandona a sus clientes preguntando exactamente en qué sitio web que están. Las asociaciones deberían mejorar la experiencia de compra de un cliente, ayudándoles a tomar decisiones correctas.

Usted querrá hacer un intercambio de contenido con tu socio para que ambos puedan ampliar su experiencia en la industria. Sin embargo, usted

Por: Cesar Pietri

tendrá que incorporar este contenido en su sitio web para que fluya de manera natural y se ajuste a su propio contenido. El resultado final será beneficioso para usted mientras usted pueda mantener la consistencia profesional.

**Socios complementarios:** su sitio web será más legítimo y competitivo cuando tenga el contenido de su socio estratégico bien integrado en su propia página web. El Co-branding sólo ayudará a su negocio si complementa los objetivos de negocio que ha definido para su empresa.

Mantenga siempre sus objetivos de negocio en mente, no importa qué estrategia de marketing está tratando de incorporar en su negocio. Esto significa que todo el contenido de su sitio web, promociones y actividades con su aliado alienta a sus clientes a seguir adelante con la compra.

# Capítulo ocho:

Alcanzando los mejores resultados de los Motores de búsqueda.

La manera más común para las personas acceder a su sitio web es a través de los motores de búsqueda. Y esto significa que si usted está vendiendo un producto o servicio, o simplemente quiere obtener algo de prensa gratuita acerca de su negocio, su web tiene que ser encontrada por los motores de búsqueda de Internet tales como Google y Bing. Mantenerse al día en los motores de búsqueda y sus tecnologías será un trabajo a tiempo completo. Sin embargo, si su sitio web está bien diseñado, los motores de búsqueda pueden ser su mejor aliado en la generación de Tráfico en Internet.

# Definición de la optimización para buscadores - SEO

El posicionamiento en buscadores o SEO, es la técnica de colocar su website de modo que aumente su rango en las bases de datos del motor de búsqueda.

**Usted quiere que su sitio web tenga una posición alta y ser lo más relevante posible a la búsqueda de un usuario.**

Un posicionamiento web exitoso utiliza los artículos basados en esas palabras que los usuarios de Internet teclean en los motores de búsqueda cuando están buscando un producto o servicio en particular. Como usted está construyendo su sitio web usted desea asegurar la colocación de palabras clave de forma eficaz en todos los contenidos y en la codificación HTML de cada página web.

Cuando usted envía su sitio a los motores de búsqueda más populares quiere asegurarse de que usted está haciendo al máximo la optimización de palabras clave, como se explicó en el capítulo 2.

Su clasificación en un motor de búsqueda está estrechamente relacionada con la calidad de su sitio web. Si su industria está en un mercado muy competitivo usted necesita asegurarse de que tiene el mayor número de personas como sea posible que visiten su sitio web para que usted obtenga las ventas y en efecto, disfrute al máximo de su campaña de marketing online.

Cuanto más sepa acerca de lo importante que son las palabras clave específicas en mejores condiciones estará para encontrar los métodos adecuados de comercialización y soluciones para su negocio.

# La optimización de su sitio web

Una de las cosas más importantes que debe recordar cuando usted está optimizando su sitio web para los motores de búsqueda es que estos motores leen el texto e ignoran los gráficos. Esto significa que usted necesita centrarse en el texto que forma parte del contenido de su sitio web.

Una manera de aprovechar las imágenes para mejorar el posicionamiento es el uso de la etiqueta "ALT" no me extiendo explicando esto ya que hay mucha información sobre este tema en internet.

Las palabras clave adecuadas: los usuarios de Internet escriben frases de palabras clave en los motores de búsqueda cuando  desean encontrar un determinado producto o servicio.

Los usuarios van a escribir dos o tres palabras para hacer una búsqueda relevante de sitios web. Antes de gastar un montón de tiempo en la optimización de su sitio web debe utilizar un programa para ayudarle a determinar qué palabra clave  o frases obtienen el mayor volumen de búsqueda.

Por: Cesar Pietri

Esto le permitirá centrar sus esfuerzos en la optimización de su sitio web para las palabras clave adecuadas.

Una herramienta gratuita es el Keyword Planner de Google Adwords.

Visite: https://adwords.google.com

**El texto en su página de inicio:** Una vez que hayas decidido qué palabras clave son las mejores para la optimización de su sitio web usted querrá poner esas palabras clave y las frases en el contenido de su sitio web.

Usted querrá empezar por centrarse en el primer párrafo de la página de inicio ya que esta es la primera cosa que la mayoría de los motores de búsqueda leen para determinar si su sitio web es relevante para una búsqueda hecha por un usuario.

En ese primer párrafo puede incluir un par de palabras claves relacionadas las cuales le darán más oportunidades de estar en las primeras posiciones de los buscadores.

**Usando meta etiquetas HTML:** Usted necesita asegurarse de que usted tiene las etiquetas en la codificación HTML para que se corresponda con el texto en su sitio web. Su ranking en los motores de búsqueda será más sólido si eres consistente con tus etiquetas y texto.

Del mismo modo que con la etiqueta ALT, puedes encontrar mucha información en la red. Debes tener como mínimo en tu web las etiquetas *TITLE, DESCRIPTION y KEYWORD.*

# Enviando tú sitio web a los motores de búsqueda

Dar de alta tu web en los motores de búsqueda, como Bing, Yahoo y Google, es crucial si se quiere atraer a la gente a su sitio web. Antes de decidir en qué motores de búsqueda va a estar presente, debe hacer un estudio detallado de lo que cada motor proporciona. Algunas de las características que debe tener en cuenta (1) es la forma en que promocionan los sitios web, (2) lo que ofrecen en la publicidad, y (3) si tienen cualquier otro recurso disponible. Existen analizadores disponibles en Internet que le ayudarán a comparar los motores de búsqueda.

Su presupuesto de marketing en línea debe incluir el dinero y el tiempo, de modo que usted pueda encontrar el motor de búsqueda ideal para su negocio.

Hay algunas cosas importantes que usted debe centrarse en lo que se refiere a la presentación de su sitio web para el motor de búsqueda correcto. Esto incluye:

- El proceso de registro debe permitir que usted incluya la descripción de su negocio y sitio web.
- Permitir un estudio rápido para averiguar que otros negocios en su industria están dentro del directorio.

Su principal objetivo será el de registrar o dar de alta su sitio en muchos motores de búsqueda, tantos como sea posible para que usted obtenga los más altos rankings en las páginas de resultado.

Esto permitirá que sus clientes y clientes potenciales puedan encontrar rápida y fácilmente su página.

**Arañas de los motores de búsqueda:** Una araña de motor de búsqueda es el programa que metódicamente viaja por Internet en busca de todas las páginas web que han visitado recientemente y procesar esta información en un motor de búsqueda para que las páginas se indexen y se descarguen más rápidamente por el usuario.

Cuando se utiliza las palabras clave y frases claves de forma exagerada  corre el riesgo de ser penalizado por las arañas de los motores y pasar por alto sus páginas web para ser incluidas en el motor de búsqueda. ¿Quieres correr el riesgo de quedar fuera de los motores de búsqueda por haber incurrido en el abuso de palabras clave?

Usar una alta densidad de palabras clave puede parecer una buena idea la primera vez que entra en el desarrollo de contenidos web para su sitio web, pero es muy arriesgado.

Otro error que hacen muchos sitios web es la elección de las palabras clave y luego no poner estas palabras clave en cualquiera de los contenidos adecuados en las páginas dentro de su web. Las arañas de los motores de búsqueda están programadas para ver las palabras claves antes de analizar los contenidos *(Por eso es tan importante el uso de las etiquetas title, decription y keyword que comente anteriormente)* si las arañas ven las palabras claves dentro de las etiquetas y luego ven que están dentro del contenido asumen que esa palabra es relevante y esto ayuda a un buen posicionamiento.

Entonces ¿por qué perder el tiempo usando palabras clave que realmente no tiene nada que ver con la temática de su sitio web?

**Creación de páginas Web falsas:** Uno de los errores más graves que puede hacer cuando se está desarrollando el contenido del sitio web es proporcionar a sus clientes información que no tiene absolutamente nada que ver con lo que usted está vendiendo o publicitando en su sitio web.

Los clientes que utilizan Internet para comprar un producto o servicio, o simplemente para obtener más información acerca de lo que estás vendiendo, no quieren llegar a las páginas de su sitio web sólo para descubrir que no está vendiendo lo que usted ofrece. Si los clientes están buscando un producto por ejemplo "pantalones" (y usted incluye la palabra "pantalones" una y otra vez en tu sitio web para que suba a las primeras posiciones de los motores de búsqueda) los usuarios que lleguen esperan poder leer información precisa y confiable en sus páginas web sobre "pantalones".

Si usted no está vendiendo pantalones debe evitar el uso de esta palabra clave solo para generar tráfico a su sitio web. Los clientes que han sido engañados pronto dejarán su sitio web para encontrar la información que están buscando en otros lugares.

La conclusión es que los sitios web orientados exclusivamente a generar tráfico orientados a palabras no siempre funcionan.

Por el contrario al generar grandes cantidades de tráfico no cualificado sencillamente está desperdiciando tiempo y recursos tecnológicos así como sobrecargar su cuenta de hosting o servidor. Lo que se busca en las campañas de posicionamiento es justamente traer un tráfico que ya este segmentado y esté interesado en el producto o servicio que usted ofrece lo cual ayuda en gran parte a conseguir su objetivo.

Estos sitios web pueden conseguir mucho tráfico y ranking en los motores de búsqueda que desea, sin embargo esto significa una oportunidad perdida para desarrollar una exitosa relación con los clientes.

**Objetivos para los sitios web exitosos**: Una de sus principales tareas cuando tiene un negocio en línea es la creación de su base de datos de clientes. Usted quiere cuantos clientes y clientes potenciales en su lista pueda para que su estrategia de marketing en línea alcance a un amplio número de los consumidores.

Una vez que haya creado una base de datos de cliente usted querrá asegurarse de empezar a recoger clientes habituales.

Las ventas repetidas o los clientes que repiten son la columna vertebral de un negocio exitoso y una forma óptima de aumentar las ventas (es mucho más fácil venderle a alguien que ya confía en ti y en tu negocio). Una de las formas en que puede conseguir la fidelización de clientes es generando una gran comunicación con su clientes.

Usted puede generar una buena comunicación usando lo siguiente:

- Los programas de afiliados
- Cupones para clientes habituales
- Concursos
- Boletines que proporcionan información útil sobre lo que está en venta
- Los banners
- Los grupos de discusión y foros
- Salas de chat

Como se mencionó anteriormente en este punto del proceso ya tendrá una gran cantidad de información de clientes que se puede utilizar. Esto incluye los datos que hemos recogido de las ventas anteriores, la comunicación con sus clientes, y su lista de correo electrónico.

Usted también querrá recoger la información que aparece aquí. Pero, ¿cómo obtener esos datos? Existen diferentes tipos de técnicas que puede utilizar para obtener los datos que necesitan para construir bases de datos de clientes de forma exitosa.

La cosa más importante a recordar es siempre ser honesto cuando está recibiendo información de sus clientes. Si utiliza medios engañosos para obtener los datos corre el riesgo de perder la confianza de su cliente.

Si el ser honesto significa que usted pierde algunas de esas oportunidades para capturar la información del cliente tenga presente que luego obtendrá la confianza y el respeto de estos nuevos clientes y clientes potenciales, cuando ellos se dan cuenta de que está haciendo lo que dijo que iba a hacer: pedir a ellos sus datos voluntariamente a cambio de ofrecerle ciertos tipos de información.

Los siguientes métodos de recogida de datos de los clientes le ayudará a mantener un seguimiento de las ventas y las ganancias. Estos datos de los clientes se pueden encontrar en los siguientes lugares:

- Formularios de pedidos de clientes
- Información de la tarjeta de garantía
- Información sobre el servicio
- Registros de los productos devueltos
- Cuestionarios llenados al momento de la compra

La información anterior es muy útil, pero se necesita un poco más de información del cliente para construir una base de datos de éxito. Aquí es donde algunas de las técnicas más recientes para captura de datos entran en acción.

Internet le ha proporcionado grandes oportunidades para utilizar herramientas tecnológicas en su beneficio. Una vez más, tenga en cuenta que la tecnología es un utensilio que puede utilizar y no un fin que justifique a un medio.

Toda esta tecnología significa que usted puede utilizar algunos métodos muy atractivos para que le dejen la información que usted necesita.

Por: Cesar Pietri

Hay muchas maneras que usted puede corresponder a sus clientes una vez usted tiene la información sobre que les interesa:

- Boletines semanales
- Correos electrónicos automatizados
- Descuento u ofertas gratuitas del producto a los clientes
- Llamadas telefónicas de seguimiento

El corresponder a sus clientes es mucho más simple después de haber perfilado y saber lo que quieren ver y oír. El marketing usando base de datos significa que usted aprende lo más que pueda acerca de sus clientes y clientes potenciales antes de enviarles cualquier tipo de mensajes.

Estudios muestran que los mensajes enviados al azar a todos sus clientes a menudo fallan ya que usted tendrá que pasar una gran cantidad de tiempo y dinero para llegar a sólo un pequeño número de clientes que sienten que usted tiene algo de valor para ofrecerles.

# Capítulo Nueve:

## Construyendo listas de correo electrónico

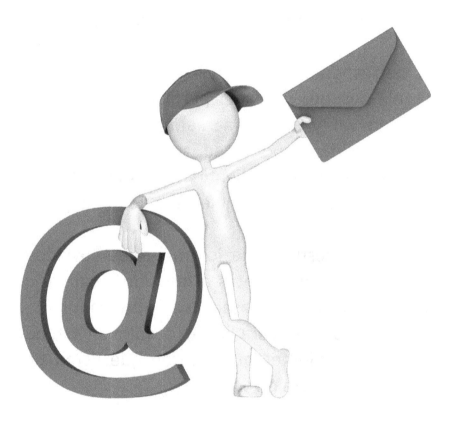

Un negocio en línea exitoso requiere una relación de confianza con sus clientes. Cuando los clientes saben que su negocio en línea es confiable y

Por: Cesar Pietri

honesto son más propensos a comprar productos o servicios, en lugar de ir a la competencia. Pero le toca a usted hacer que sus clientes sepan que usted es una opción mejor que su competidor. Una manera que usted puede conseguir esas ventas importantes es mediante la creación de listas de correo electrónico para que pueda comunicarse de forma regular con sus clientes.

Nunca pierdas la oportunidad de comunicarte con tus clientes. Es vital para su empresa online que usted esté en contacto con el mayor número clientes y clientes potenciales como sea posible para que aumenten sus contactos y eventualmente, incrementar sus ventas.

Hay tanta competencia en Internet y es por eso que es importante destacarse para sus clientes. Cuando sus clientes saben que pueden confiar en usted para un servicio confiable, consistente y además productos o servicios de calidad, continuarán comprándole una y otra vez. Sus clientes habituales se convertirán en el pilar de su negocio, ya que éstos son los clientes que refieren a sus amigos y familiares, con lo que usted tendrá más clientes potenciales.

**Listas Opt-in:** una lista opt-in es una lista de personas que han pedido específicamente recibir más información de su negocio en forma de e-mail, boletines, u otros tipos de comunicación. Estas personas voluntariamente dan su dirección de correo electrónico a usted, para que pueda comunicarse con ellos en el futuro. Asegúrese de que usted construye su lista de direcciones de correo electrónico con esta modalidad para que pueda aumentar el número de los clientes que entran en contacto con usted.

**Nota:** también existe otra modalidad conocida como "Doble opt-in" que básicamente es una suscripción voluntaria con doble confirmación.

El proceso es que el usuario llega a tu página donde deja sus datos y una vez registrado recibirá un correo electrónico con información para activar su suscripción, normalmente es un enlace que deben pinchar y ya está.

Este tipo de suscripción a pesar de necesitar un paso más para que el usuario entre en nuestra lista, suele ser más efectiva ya que las personas que se tomen en serio recibir tu información estarán dispuesto a hacer los dos pasos y así tu podrás filtrar directamente tu lista de forma automática y obtener única y exclusivamente a personas que estén realmente interesadas en lo que ofreces.

Estudios de marketing en línea muestran que las listas opt-in de correo electrónico tienen más éxito que otras técnicas de marketing a la hora de las ventas. Cuando un cliente potencial solicita más información de su negocio usted sabe que ellos ya tienen un interés en el producto o servicio que usted está vendiendo.

Entonces, ¿cómo desarrollar su lista de correo electrónico? Una manera en que usted puede empezar a construir su lista de correo electrónico es tener un lugar en su sitio web donde los usuarios pueden dejar su dirección de correo electrónico.

Cuando tienes a alguien que dejo su cuenta de e-mail le toca a usted enviarle un e-mail con información  de los productos o servicios que usted está vendiendo. Algunos de los e-mail que usted desea enviar a sus clientes de correo electrónico son:

- Boletines con información sobre los productos o servicio que está vendiendo, así como información acerca de nuevos productos. Los boletines ya se han discutido en el capítulo 5.
- E-zines (Revista electrónica) que tienen información detallada acerca de lo que su empresa vende.
- Ofertas de descuento exclusiva que enviara sólo a las personas en su lista.

El primer e-mail que envía a la gente en su lista debe dejar bien claro que pidieron ser incluidos en su lista de correo electrónico para que no crean que sea SPAM.

Como se mencionó antes, siempre debe dar a la gente la opción de darse de baja de su lista de correo electrónico en cualquier momento. De esta manera ellos sienten que tienen el control de todas las comunicaciones con usted.

## Importancia de las listas

Una de las reglas más importantes del marketing en línea es la necesidad de contar con una lista de direcciones de correo electrónico. Cuanto más grande sea tu lista más éxito tu negocio tendrá. La conclusión es que, si quieres tener un exitoso negocio en línea debe tener una lista de e-mail.

Cada vez que alguien compra algo de usted, tiene que hacer el esfuerzo de obtener su dirección de correo electrónico. Si usted no recibe su información de contacto se pierde toda oportunidad de una futura comunicación con ellos. Y esto puede impedir que realice una compra en el futuro.

Estudios de marketing muestran que negocios de éxito online consideran las listas de suscripción voluntaria como su estrategia de marketing más valiosa. La mayoría de los negocios en línea mantienen una copia de seguridad de su lista de correo electrónico para que no haya posibilidad de perderlo.
Sin esta lista su negocio perdería la comunicación con clientes valiosos que es la columna vertebral de su éxito en línea.

Mientras más extensa es su lista más negocio genera línea. Tendrás oportunidades de venta que no sería capaz de obtener de cualquier otra manera. Cuando se mantiene con regularidad contacto con sus clientes podrá tener por seguro que por lo menos algunos de ellos volverán a su sitio web para una primera compra o una repetición de compra. Las listas opt-in le permiten comunicarse con su clientes con poco o ningún esfuerzo de su parte.

Asegúrese de que su sitio web en línea tiene opciones opt-in en cada página web. De esta manera la gente que lee su sitio web tenga la oportunidad de dar su dirección de correo electrónico para futuros contactos con su empresa.

# Capítulo Diez:

# Branding exitoso

Branding exitoso tiene que ver con una cosa: el reconocimiento de sus clientes. Cuando los clientes pueden reconocer su producto o servicio, y lo separe a usted de su competencia, ya ha dado el primer paso hacia el acaparamiento de su reconocimiento.

El Branding utiliza varios métodos para asegurar que su nombre está ahí fuera en la parte superior y que sus clientes pueden escogerte entre la multitud.

# El Branding tiene un objetivo: ganar la confianza de sus clientes para que se queden a tu lado.

Hay varios métodos que se pueden incluir en su estrategia de imagen de la marca para lograr el reconocimiento de su empresa.

Hay varias técnicas que usted debe considerar cuando se está desarrollando las páginas para que sean fácilmente comprensible por todos sus visitantes de la web:

- La comunicación visual. Crear un logotipo de la empresa que se muestre en el embalaje y la comunicación visual que utiliza con sus clientes. Esto incluye folletos, tarjetas de visita, catálogos, papelería, membretes y otros medios de comercialización.
- Embalaje Creativo. Desarrollar embalaje para sus productos que sea específico y excepcional ayuda a que los clientes recuerden su marca.

Por: Cesar Pietri

- <u>Campañas publicitarias beneficiosas.</u> Aprovéchate de toda la exposición mediática de forma positiva para impulsar tu perfil público.

La estrategia para branding exitoso incluye:

- Desarrollar una declaración de misión fuerte. Sepa exactamente dónde está su empresa, hacia donde va y cómo quiere llegar.
- Definir objetivos de la empresa. Sea claro sobre cuáles son sus objetivos de negocio.
- La marca es para sus clientes. La marca es todo acerca de sus clientes y no de lo que usted vende.
- Tácticas de marketing confiables. Los clientes quieren la fiabilidad y la simplicidad cuando identifiquen su producto o servicio.

La marca es todo acerca de la identificación de su empresa y no sólo los productos o servicios que usted vende.

El resultado final de un branding exitoso es ser capaz de vender sus productos o servicios, junto con el reconocimiento positivo de sus clientes. Es este reconocimiento positivo y la obligación de su negocio la que desarrolla una fuerte relación con sus clientes y crea beneficios.

Hay muchas empresas, tanto dentro como fuera de Internet que utilizan la marca con éxito, por lo que fácilmente puede reconocerlos y son más grandes que sus competidores. Estos nombres se han convertido en confianza entre los consumidores de todo el mundo.

## Investigación de Mercado

Una de las maneras imbatibles con la que usted puede encontrar lo que los clientes quieren comprar, y obtener más información es hacer un estudio de mercado. Al ver y escuchar qué es lo que los clientes están interesados, eleva sus posibilidades de obtener su atención y darles a ellos la información que están buscando.

Tómese su tiempo para revisar cuidadosamente los productos y los servicios que usted ofrece en su página web o a través de su sitio web. Usted debe preguntarse (1) ¿cuáles son las ventajas y desventajas del negocio al vender online?, (2) ¿se van a recibir pagos? , (3) ¿Qué información va a tener que considerar sobre el envío de su producto a los clientes?, y (4) ¿está dispuesto a actualizar constantemente y mantener su sitio web?

Cuando tienes una idea de negocio clara en la mente y sabes exactamente lo que estas vendiendo, usted querrá saber qué otros negocios ofrecen el mismo producto o servicio. Es posible que desee hablar con clientes potenciales para ver cómo reaccionan a su producto.

Encuentre otros sitios web que están relacionados con su negocio y tome un poco de tiempo en analizarlos. Mira cómo promocionan productos o servicios similares, así como la forma en que cada sitio web está diseñado. Si un sitio web similar utiliza un carrito de compras para compras en línea échale un vistazo.

Vea cómo funciona el proceso y piense qué se puede hacer para mejorar el proceso. No se limite a mirar los sitios de comercio electrónico que están dentro de su propio país, ya que los clientes no limitarán sus compras a aquellos países en los que viven. Mira cómo se manejan en otros países los sitios de comercio electrónico para que usted tenga una amplia gama de sitios web a comparar con el suyo.

Aquí hay algunas cosas que usted debe estar preguntándose en el momento que está haciendo una investigación de mercado para su negocio en línea:

- ¿Quiénes son sus clientes probables?
- ¿Qué otras empresas venden los mismos productos o servicios?
- ¿Quién va a ser su mercado objetivo y cómo va a llegar a ellos?
- ¿Cuánto le costará el mercado, fabricar y entregar su producto o servicio?
- ¿Quién es su competencia?
- ¿Cuánto puede cobrar por su producto o servicio?

**¿Cuáles son los clientes que compran?**: Hay muchas maneras de averiguar lo que los clientes están comprando en los negocios online y offline. Una vez que averigua lo que los clientes están comprando usted puede concentrar su contenido del sitio web y artículos en lo que sus clientes principales buscan. Algunas de las formas en que puede averiguar lo que la gente está comprando incluyen:

- Echa un vistazo a los centros comerciales. Ir a un centro comercial y sentarse por un rato. Tome nota de los comportamientos de compra de las personas que están a su alrededor.
- Establecer que tiendas tienen toda la acción. Mira a ver qué tiendas tienen la mayor parte del tráfico de compradores. Echa un vistazo dentro para ver lo que se vende, cómo se vende, cuánto se está vendiendo, y cómo el producto se está comercializando.
- Echa un vistazo a la publicidad y marketing. Aunque usted no pueda vender los mismos elementos que las tiendas en el centro comercial debería echar un vistazo a lo que hace que estas tiendas se destacen entre el resto. ¿Cómo son agrupados los productos en la tienda? ¿Cómo se anuncia el producto?
- Lo que se encuentra fuera de las tiendas físicas se puede aplicar a su negocio en línea. Aprenda lo que funciona cuando se trata de publicidad en línea. Averigüe lo que es visualmente atractivo para los consumidores

y que les hace querer comprar ese producto en particular.

# Capítulo Once:

## Desarrollo de Sitios Web

El desarrollo del diseño de su sitio web es una de las fases centrales de su táctica para establecer su posición en el mercado. Sin un diseño fuerte y constructivo usted no va a llegar a los clientes necesarios para cumplir sus objetivos. La fase de desarrollo está compuesta por otro grupo de fases que incluyen:

- Revisión final del diseño web.
- Branding
- Desarrollo de áreas de negocio específicas, tales como el comercio electrónico y el sitio web.
- Pruebas

- Publicando y lanzando su sitio web

Hay ciertas partes que deben ser desarrolladas antes de que su web exista y su estrategia de negocio esté lista para lanzarla a internet. Una vez que estas partes han sido desarrolladas tu empresa está lista para hacer llegar a esos clientes y asegurar su posición entre la competencia. Las partes que necesitan ser desarrolladas requieren técnicas únicas.

**Desarrollo de sitios web:** Desarrollar una presencia web se basa en la marca de su negocio y el diseño. La combinación del branding, el diseño y el desarrollo de su sitio web le ayudaran a reforzar su fuerza comercial en línea.

**Desarrollo de E-commerce:** Una experiencia de usuario fácil dentro de una plataforma de comercio electrónico será de vital importancia para captar la confianza y seguridad de sus clientes. Esto incluye todos los aspectos del comercio electrónico de productos: base de datos, presentación de productos, seguridad y el carrito de compras.

**Estrategia de marketing:** La fase de ascenso es el preludio de su estrategia de marketing. El marketing requiere un desarrollo fuerte y sólido entre los que tienen una puesta en marcha triunfal.

La fase de desarrollo de su estrategia de negocio debe ser lo más meticuloso como sea posible antes de publicar su sitio web.

# El diseño de su negocio

Desarrollar un diseño para su negocio que aumente su imagen y refuerce su presencia en internet es fundamental para el éxito de su negocio online. Su objetivo es crear un diseño para su compañía que se pueda utilizar para: publicidad, branding, e-commerce y distinción web.

El resultado final del procedimiento de diseño es la transición de nivel entre todas las facetas de exposición de la empresa a sus clientes. Usted debe buscar un diseño que sea excepcional, reconocible y que sugiera confianza.

Hay varias estrategias que necesita construir con el fin de lograr un diseño exitoso, algunas de ellas son:

- El logotipo y la identidad de la empresa. Diseñar un logotipo que de la imagen que queremos reflejar a nuestros clientes.
- Diseño web. Desarrollar un diseño web que sea revelador, fácil de navegar e impresionante a los visitantes.
- Diseño Simple. Crear un diseño que sea sencillo y fresco para un fácil reconocimiento.
- Su diseño debe ser audaz y claro acerca de lo que usted quiere hacer y lo suficientemente simple como para atraer a los clientes a involucrarse en sus páginas web.

Una vez que su empresa vaya creciendo se dará cuenta que pronto vera el retorno de la inversión que ha hecho en el diseño. El diseño es todo acerca de llegar a sus clientes e interactuar con ellos y de algún modo que ellos te recuerden.

Asegúrese de que usted tiene en marcha estrategias que se aplican con éxito al branding de su negocio. Algunas de las estrategias que se deben tener en cuenta incluyen (1) tener objetivos claros y precisos y saber lo que su empresa representa, (2) tener un objetivo concreto y comunicarlo de forma clara para que usted sepa exactamente donde está su negocio hacia dónde va y cómo quiere llegar, (3) mantenerse siempre del mismo modo al momento de tratar con sus clientes para que ellos sepan lo que pueden esperar cada vez que hacen negocio con usted, y (4) recuerda que el branding tiene que ver con llegar a sus clientes y mantenerse en contacto con ellos. La conclusión es que la marca le permite vender sus productos o servicios a los clientes de una manera que te hace destacar entre la multitud de competidores.

**Tu Imagen En Internet:** Cuando estás desarrollando una imagen de la compañía significa que usted va a crear un "personaje" por su empresa, que los clientes puedan reconocer y con quien quieren hacer negocios. La individualidad de su empresa será una mezcla de muchas cosas, como por ejemplo los hechos de su negocio, los objetivos de su negocio, el estilo de la publicidad que usted elija, y la historia de su negocio.

Todos estos fundamentos unidos dejaran una sensación duradera en sus clientes que pueden hacer la diferencia entre el éxito de su negocio o su fracaso. Usted quiere dejar una impresión positiva y duradera en el público y sus clientes potenciales.

Muchas empresas grandes han trabajado duro para desarrollar su imagen de la empresa. Parte de este es tener una imagen, o marca, que los clientes puedan reconocer.

El desarrollo de su representación de la compañía significa que usted necesita identificar muchas partes de su negocio que son:

- Conocer quién es su mercado objetivo y cómo llegar a ellos.
- El desarrollo de imagen de la empresa es constante y gira en torno a su mercado objetivo.

# Conclusión

Ya sea que esté comenzando un nuevo negocio, o que actualmente tienen uno, es importante que sigan generando el crecimiento del negocio, siguiendo cinco puntos clave. Cuando usted se centra en el crecimiento de su negocio en línea, no importa qué tan exitoso ya es, usted garantiza beneficios a futuro, expansión, y el logro continuo.

Hay algunos puntos claves que debe tener en cuenta y que debe implementar en su empresa para que pueda garantizar el éxito de su negocio. Estos cinco puntos clave son:

- Construye tu base de datos de clientes. Asegúrese de usar una variedad de métodos para construir su base de clientes. Mientras más prospectos tengas más beneficios podrás generar.
- La investigación de su mercado objetivo. Es importante que usted tenga una clara idea de quién es su mercado objetivo. Tome el tiempo para investigar quienes son sus competidores de productos o servicios que usted este vendiendo.

- Entregue lo que promete. No haga promesas falsas a sus clientes. Prometer ciertos productos, servicios u ofertas especiales para atraer a la gente significa que usted debe cumplir con la entrega de lo que ofreció para ganarse la confianza y el respeto de sus clientes.

- Tener un plan de negocios definido y objetivos. Asegúrese de que usted tiene un sólido plan de negocios para que usted sepa exactamente cuál es el camino que usted necesita tomar para alcanzar sus metas y el tiempo que le llevará llegar allí.

- Publicidad y llegar a sus clientes. Usted necesita llegar a sus clientes para que puedan ver los productos y servicios que usted y su negocio tienen para ofrecer. La publicidad puede tener lugar dentro o fuera de Internet mediante boletines de noticias, e-mail, o siguiendo prospectos proporcionados por sus clientes existentes.

Con la inclusión de estos cinco puntos clave en su día a día empresarial usted encontrará que su negocio en línea continuará creciendo para su éxito.

Por: Cesar Pietri

# Contenido Extra

## El Marketing Inteligente

MARKETING INTELIGENTE LA SOLUCIÓN A GRANDES DESAFÍOS

"El Marketing Inteligente es aprovechar la voz del cliente para impulsar de manera" automática los contenidos de las páginas Web con análisis perfeccionados. La tecnología existe, lo que falta es aplicarla para conducir los procesos de lenguaje natural de los usuarios a los grandes clientes.

Es la manera de hacer páginas individuales de un sitio Web, contando con un creativo para la promoción de bienes y servicios haciendo las campañas individuales más inteligentes mediante la utilización de datos en tiempo real valiéndose de los patrones de comportamiento de los clientes potenciales, y del análisis para determinar cuál de ellos es más conveniente aplicar de manera efectiva en la planificación de los contenidos en los medios de comunicación. El Marketing Inteligente va tener un impacto mucho más poderoso de tres maneras fundamentales.

## Sitios Web mucho más inteligentes

Los minoristas se ven enfrentados a un problema que puede resultar bastante complicado y es que las personas, siendo realistas, sólo están en condiciones de optimizar unas pocas páginas. El concepto de utilizar la consulta de búsqueda de auto optimización nos ofrece un modelo para nada manual o basado en los rendimientos Long tail. En el caso de temer que actualizar las etiquetas de título de la página, es posible lograr una mejora del rendimiento SEO en un 10% en líneas generales durante un periodo de unos 6 meses.

Por: Cesar Pietri

Hacer páginas más inteligentes, va a permitirles a ellas mismas una optimización dinámica, basándose en como son encontradas por los usuarios. En un futuro cercano, no será este el único modo de realizar consultas, sino que también los datos proporcionados por las redes sociales y las páginas Web tendrán la capacidad de optimizarse para SEO por su cuenta.

## Creatividad inteligente

La creatividad es otra de las áreas donde los clientes figan mucho su atención ¿Cuántas empresas se valen de los datos surgidos de los medios de comunicación social para comprender el potencial y la eficacia de su potencial creativo? Aprender de Hollywood, es un buen ejemplo, pues en la meca del cine para promocionar una película dependen mucho de la creatividad, y de la experiencia de sus creativos para atraer a la audiencia.

Llevada al plano mundial, esta metodología de aprovecharse de los datos surgidos de los medios sociales para la evaluación de los conceptos creativos de la mensajería, es una necesidad absoluta para manejar de manera prudente la comercialización.

# Planes para medios más inteligentes

La voz del cliente es utilizada para la evaluación de la eficacia de las campañas en los medios globales y la planificación de nuevas campañas. Los grandes anunciantes se encuentran abocados en la construcción de una red global para adquirir una mayor cantidad de datos centralizados, en el menor tiempo posible, para estar en condiciones de evaluar la eficacia de los planes de medios para tener llegada a los mercados de manera adecuada.

Por: Cesar Pietri

La evaluación se realiza en función de la respuesta obtenida por la publicidad (en formato digital), su análisis, y las alertas surgidas para la identificación de todo (anuncios de búsqueda vs anuncios gráficos, mejora o degradación en la clasificación de la competencia, cambios producidos en las marcas de los potenciales clientes mediante menciones o el sentimiento en los medios sociales). Esto, aunque no lo parezca se está convirtiendo en una necesidad para la instrumentación de campañas publicitarias en los los medios de comunicación a nivel global.

Frente a todo esto, ¿cómo podrán los anunciantes armar un tema de unificación en función de sus esfuerzos comerciales? ¿Cómo conseguir que den mejores respuestas a la gran cantidad de información disponible? El Marketing Inteligente es la manera más poderosa para organizar la inversión para mejorar la publicidad y los medios de comunicación.

Los objetivos están dados en que todos los aspectos de los programas puedan ser rastreables, medibles y que permitan la realización de acciones concretas a nivel global, procurando que sean los clientes quienes puedan medir de forma correcta. La respuesta a todo esto es el Marketing Inteligente para Redes Sociales.

# La medición de resultados y su importancia para crecer

Muchos propietarios y administradores de sitios online suelen notar que, a medida que su página va creciendo, empiezan a sentirse más distantes de sus tareas. Sin embargo, sabemos que toda empresa en crecimiento necesita ser seguida de más cerca y manejada con sumo cuidado para asegurar su sostenibilidad, es por eso que la medición de resultados tiene su importancia para crecer.

Por: Cesar Pietri

Es aquí que, la medición de resultados debe establecer sistemas para medir fehacientemente los resultados para seguir bien de cerca el crecimiento de su negocio. La importancia de medir para crecer va a permitir lograr información relevante sobre que está sucediendo aquí y ahora al igual que se convertirá en el punto de partida de un sistema que permita fijar objetivos que ayudarán en la implantación de estrategias de crecimiento.

Los beneficios de elegir indicadores clave de rendimiento para la medición de resultados y la fijación de estos resultados nos sugieren claros ejemplos de una serie de áreas clave para el desarrollo y crecimiento del negocio. También va a servir para destacar los puntos esenciales que se deben considerar al establecer los objetivos para el negocio.

La medición de resultados de su página Web puede convertirse en todo un desafío, especialmente si no se está seguro de los pasos o del orden en que deben aplicarse. Entender este orden puede llegar a ser de gran ayuda para las tareas necesarias para obtener información para el mejoramiento de los resultados buscados.

## La importancia de la medición de resultados

En la medición de resultados los pasos a seguir tienen una secuencia donde cada paso tomado se apoya en otros. Entre estos pasos debemos incluir:

- Planificación y desarrollo de planes de trabajo basados en el plan del proyecto.
- Planes para la medición de resultados
- Selección de las herramientas
- Recopilación y almacenamiento de datos
- El detallado análisis de estos datos
- Un detallado informe de los resultados

Según se vaya estableciendo el sistema de medición de resultados, continuando con la secuencia de los pasos a seguir, puede llegar a ser necesario volver sobre los pasos o seguir adelante para ir confirmando que estos pasos se apoyen uno con otros.

# En qué consiste el marketing de contenidos usando Long tail

Primero demos una repasada a qué es el Long tail (larga cola en español), pues bien, debes saber que en cierta manera es relevante para el posicionamiento de tu blog o página Web en los buscadores. Se trata de una tendencia que gracias a la tecnología, el mercado de masas se convierte en un mercado de nichos porque permite por primera vez, la venta de pequeñas cantidades a bajo coste resulte muy rentable.

El marketing de contenidos usando Long tail sirve para esto. Se trata de una técnica a la que el marketing online le saca mucho partido. Las razones pueden ser varias:

La alta competencia y masificación SEO. En la actualidad la gran masificación SEO ha hecho que el posicionamiento para las palabras clave principales sea una verdadera quimera, ya sea por el gran esfuerzo económico, temporal y como en términos de sanciones por parte de Google.

Esto sucede desde que han entrado al juego las grandes marcas que dejan las cosas mucho más difíciles para las pymes, sobre todo si están mal aconsejadas. Por esta razón, el marketing de contenidos usando Long tail se muestra como un factor a tener muy presente en todo buen plan de marketing estratégico.

Acciones de Google contra el Link Building. Los últimos años han sido un verdadero infierno para muchos profesionales SEO, precisamente los años en que Google se puso a modificar su accionar para dificultar todas las posibilidades SEO y de Link Building, hasta dejarlo prácticamente en la nada misma ya que busca acabar con los directorios y la optimización por palabras clave.

Lo que Google está aplicando en la práctica es la teoría de tierra arrasada para todo el SEO que encuentre en su camino, es por ello que, los especialistas en SEO, se ven en la necesidad de implementar el marketing de contenidos usando Long tail.

Por: Cesar Pietri

La utilización de palabras clave principales pueden posicionar tu página Web arriba, pero, esto para un sitio Web es solo el comienzo; ahora necesitas interactuar con los usuarios y convencerlos de llevar a cabo tal o cual acción. Mientras esto sucede, los usuarios de las palabras de Long tail vienen predispuestos a una acción predeterminada. De ahí la importancia de la implementación del marketing de contenidos usando Long tail.

# Los indicadores clave de rendimiento KPI

Los indicadores clave de rendimiento KPI, son aquellos parámetros que se utilizan para medir resultados de las campañas de "inbound marketing" de una empresa en diferentes ámbitos como ser: de forma general, por medio de campañas periódicas, redes sociales, una página WEB, SEM, etc.

Los KPI sirven para arrojar resultados para valorar el justo rendimiento de una empresa y con ellos se pueden modificar y mostrar las acciones si es preciso, para conseguir resultados a futuro.

Lo primero que se debe hacer para seleccionar los indicadores clave de rendimiento KPI es tener bien en claro los objetivos. Las empresas son como las personas, no hay dos iguales, cada cual es diferente de otra aunque se dediquen a lo mismo y esto hace que las metas a alcanzar para mejorar el negocio sean variables. A modo de ejemplo citamos tres variables comunes a todas:

- Mejora de las ventas
- Aumento del tráfico
- Reducción de gastos

A continuación, estableceremos objetivos analíticos para nuestra WEB o Ecommerce.

# 7 indicadores clave de rendimiento KPI en nuestra campaña

Veamos cuales son algunos de los indicadores clave de rendimiento KPI para tener en cuenta para el tráfico de una WEB o tienda online. Estos KPI deben establecerse antes de dar comienzo a la campaña de marketing, que quiero decir con esto, que los objetivos del sitio WEB deben fijarse antes que los monitoricemos.

El tráfico del sitio WEB es uno de los básicos. Indicador directamente vinculado con la popularidad del sitio, cuantas más visitas recibe mayor su popularidad.

Otro de los indicadores clave de rendimiento estrechamente vinculado con este indicador es el tiempo que los visitantes permanecen en el sitio. Un dato importante para saber el sitio despierta el interés del usuario por: los productos, contenidos o servicios que ofrezcamos o, por el contrario, solo lo es en algunas de las páginas.

El porcentaje de nuevos visitantes frente a los recurrentes, esto va a permitirnos saber de los visitantes que acceden por primera vez y los que repiten su visita.

Esto va a permitirnos formarnos una visión del tipo de tráfico que tiene acceso a la WEB, la fidelización de los usuarios y si se está llegando a nuevo público.

También entra en los indicadores de rendimiento, el ámbito socialque va a permitir ver si las campañas en las redes sociales generan el tráfico el tráfico deseado o, por el contrario, se hace necesario cambiar de estrategia.

Las páginas visitadas en cada visita. Se trata de una métrica indicadora del promedio de páginas vistas por cada visitante en cada visita.

También hay otras métricas indicadoras del rendimiento en relación de dónde proceden los visitantes y en qué porcentajes, a saber, las fuentes de tráfico de la web. Puede tratarse de "fuentes directas", es decir, que nos están indicando que entran a tu web escribiendo la dirección de la página en el navegador; "tráfico de referencia", fuente que nos está indicando qué dominios dirigen tráfico al sitio, estas estadísticas nos permite ver niveles de tráfico de fuentes esperadas pero también inesperadas, como pueden ser las que provienen de un blog que descubrió un producto de tu WEB.

Por: Cesar Pietri

Otra fuente es la correspondiente al "tráfico de búsqueda", puede ser de búsqueda orgánica o de pago en caso de utilizar una herramienta de pago por clic como Google Adwords.

Uno de los KPI fundamentales de todo sitio WEB debe ser la "tasa de rebote" ya que es el fiel reflejo de si cumplimos el grado de expectativa de los usuarios.

Si el porcentaje es alto hay que investigar las páginas que generan más rebote y averiguar el por qué, en este caso nuestro objetivo deberá estar enfocado a tomar acciones para mejorar su relevancia.

**Qué factores pueden determinar una alta tasa de rebote**

Contenidos pobres, publicidad invasiva, un diseño anticuado o un mal diseño... pueden ser muchos los factores, por tanto sólo cabe analizar atentamente las páginas que mayores rebotes generan.

Es muy importante la relevancia de generación de contenidos originales y frescos hay que tenerlos muy en cuenta para el tráfico del blog. Escribir con frecuencia ayuda a incrementar las visitas. Basados en esta métrica vamos a poder analizar en detalle las veces que se comparten los post, los comentarios y el número de visitas provenientes del blog.

# Glosario de Términos

Glosario de Términos

**Blog:** Es un sitio web en el que uno o varios autores publican de manera cronológica artículos o textos apareciendo por orden de publicación, pueden ser textos propios u opiniones de terceros sobre un tema en particular. Normalmente existen en los Blog intercambio de comentarios por parte de los lectores

**Buyer Persona:** Es el conocer las conductas sociales, demográficas y psicológicas de manera detallada del cliente potencial de una empresa, producto y/o marca, en algunas personas es conocido como Target.

**Call to action:** Un call to action se refiere a una imagen que tiene como función una llamada a la acción, para que el visitante haga clic y sea dirigido a una Landing page con la oferta de valor. Será incrustado a lo largo de todo el contenido de la web, principalmente al final de cada artículo del blog o donde sea necesario.

**Confirmation page:** Es una página dentro del sitio web donde el visitante después de rellenar el formulario será dirigido y encontrará un mensaje con instrucciones para activar su suscripción.

**Código QR:** Quick response code, -código de respuesta rápida- Es un módulo útil que almacena información matriz de puntos o un código de barras bidimensional caracterizada por 3 cuadrados que se encuentran en las esquinas que permiten detectar el código del lector.

**Dominio:** Es el nombre o identificación que se le otorga a un grupo de dispositivos conectados internet, siendo su función principal sustituir los códigos IP, de lo contrario cada vez que quisiéramos ingresar a un sitio web tendríamos que acceder de esta manera http://195.0.33.10 (Código IP) en vez de http://example.com (Dominio)

**Google AdWords:** Es el programa que utiliza Google para ofrecer publicidad patrocinada a potenciales anunciantes.

**Google Analitycs:** Es herramienta de Analítica Web de la empresa Google. Ofrece información agrupada del tráfico que llega a los sitios web según la audiencia, la adquisición, el comportamiento y las conversiones que se llevan a cabo en el sitio web.

**Hosting:** Es el servicio que se ofrece para almacenar a los usuarios de internet sus videos, información, imágenes y contenido en general para que este accesible en la web.

**Indexar:** Consiste en ordenar datos o información de acuerdo a un criterio en común para facilitar la búsqueda o análisis.

**Landing Page:** Una landing page o conocida también como página de aterrizaje es una página dentro de nuestro sitio web al que van a llegar los visitantes que pincharon en nuestro call to action y que tiene como finalidad ofrecer un producto de valor a cambio de recibir cierta información, como puede ser nombre y correo electrónico para que de ese modo pasen a formar parte de nuestra lista de correo donde luego podremos seguir enviándole información de valor para el usuario.

**Lead nurturing:** Es una técnica de mercadeo que ayuda a automatizar la captación de usuarios y/o posibles clientes hacía una base de datos para luego filtrar a cada uno de ellos y lograr una comunicación personalizada.

**Lead scoring:** Es el sistema y/o acciones que se diseñan de manera automatizada para hacer seguimiento a las personas que visitan o se interesan por tu página web deduciendo si son o no posibles clientes potenciales., ejemplo: sistemas de valoraciones.

**Long Tail:** Aplicado al SEO es la representación fiel de los gustos e intereses de las personas, un ejemplo de esa representación se da cuando colocamos una búsqueda en Google y aparece palabras asociadas a la misma, ese nicho en especifico es una "larga cola"

**Meta Description:** Es una etiqueta utilizada en la codificación HTML para hacer referencia sobre un autor, título, palabra clave, entre otros.

**Meta Title:** Son los que proporcionan al usuario una idea general del contenido de la página.

**Páginas:** Este apartado se refiere a páginas de contenido estático y que por lo general van a incluir información como: quienes somos, acerca de, servicios, contacto, etc.

**Pixel:** Es la menor unidad homogénea en color que forma parte de una imagen digital.

**Plugin:** Es un fragmento de código que se utiliza para adicionar o mejorar el funcionamiento de tu web.

**Post:** Se refiere a los artículos o entradas dentro del blog y representa un factor determinante del proyecto ya que el tráfico orgánico se va a generar gracias a este contenido.

**Resolución de imágenes:** Es la calidad de la fotografía vista en un computador la cual esta compuesta por pixeles por pulgada – PPI.

**RGB:** Sigla en inglés de red, green, blue, en español – rojo, verde y azul – es la composición del color en términos de la intensidad de los colores primarios de la luz.

**SEO:** El SEO (Search Engine Optimization) o Posicionamiento Orgánico es el conjunto de técnicas utilizadas para aumentar el tráfico de calidad hacia un sitio web mediante la mejora del mismo de manera orgánica.

**Servidor:** Es un ordenador que tiene la infraestructura para alojar un sitio web.

**SMM:** Implica la interacción de la empresa con los usuarios finales aprovechando la plataforma que le brindan los medios sociales en Internet.

**Thank you page:** o página de agradecimiento es el último paso al que llegan los usuarios después de apuntarse a la lista de correo, en esta página se muestra instrucciones sobre cómo descargar el producto o como utilizarlo. Esta página incluye un enlace al producto, por ejemplo al Ebook.

**WordPress:** Es un sistema de gestión de contenido enfocado en la creación de páginas web.

# BONO DE REGALO

151

ACCEDE DESDE TU SMARTPHONE

"El Momento de Tomar Accion es Ahora"

Por: Cesar Pietri

Espero que este libro te sirva como referencia para dar esos primeros pasos en el marketing digital y te permita recibir a tus primeros visitantes y clientes.

Mi intencion era la de explicar de una forma muy sencilla un grupo de tecnicas que te permita abrirte un hueco en el Mercado online promocionando tu negocio y servicio.

Si crees que lo he logrado puedes y te ha servido la informacion seria muy importante para mi que dejaras tu opinion y valoración en Amazon.

Si tienes dudas, consultas o recomendaciones me puedes escribir a:

contacto@cesarpietri.com

Mucho exito!